DEVELOPMENT AND OPERATION OF
INDUSTRIALIZATION
FOR TRANSPORTATION INFRASTRUCTURE

交通建筑工业化
产业拓展和运营

李 果 编著

人民交通出版社股份有限公司
北 京

内 容 提 要

本书从交通建筑工业化产业发展的背景和内容、企业选址、场地规划与建设、市场拓展、运营管理等方面，较为系统地阐述了交通建筑工业化产业拓展和运营的相关理论，并结合交通建筑工业化基地的实际案例进行了深入分析和探讨。

本书内容新颖、案例丰富，适合交通及相近行业建筑工业化产业从业人员阅读，以及国内交通、土木、建筑、工程管理等专业师生在教学中参考使用。

图书在版编目(CIP)数据

交通建筑工业化产业拓展和运营 / 李果编著. 北京: 人民交通出版社股份有限公司, 2025.3.

ISBN 978-7-114-20134-9

I. F407.9

中国国家版本馆 CIP 数据核字第 20255Y60M0 号

Jiaotong Jianzhu Gongyehua Chanye Tuozhan he Yunying

书 名： 交通建筑工业化产业拓展和运营
著 作 者： 李 果
责任编辑： 刘彩云
责任校对： 赵媛媛
责任印制： 张 凯
出版发行： 人民交通出版社股份有限公司
地 址： (100011) 北京市朝阳区安定门外外馆斜街 3 号
网 址： http://www.ccpcl.com.cn
销售电话： (010) 85285857
总 经 销： 人民交通出版社股份有限公司发行部
经 销： 各地新华书店
印 刷： 北京建宏印刷有限公司
开 本： 787 × 1092 1/16
印 张： 11.25
字 数： 178 千
版 次： 2025 年 3 月 第 1 版
印 次： 2025 年 3 月 第 1 次印刷
书 号： ISBN 978-7-114-20134-9
定 价： 92.00 元

Preface | 序

2018年至今，浙江交工集团股份有限公司全面贯彻新发展理念、构建新发展格局，加快推进建筑工业化基地（工厂）建设，为交通强国建设贡献了新型发展模式和方案。其建筑工业化基地以预制构件生产为核心，延伸至商品混凝土生产、矿山开采和砂石料加工、钢结构生产等产业内容，承担了所在属地大量工程项目的混凝土构件预制工作，成为展现浙江省桥梁交通建筑工业化的重要窗口。

作为参与者，作者梳理了交通建筑工业化的标准化设计、工厂化生产、装配化施工、信息化管理、产品化生产的相关内容，较为准确、翔实地反映了产业定位。本书基于市场拓展实践，提炼总结了新发展模式体系化理论，反映了交通建筑工业化产业的新进展。而作为产业链主企业的大型施工单位，经过多年的建造实践，拥有丰富的业务资源，迫切需要产业升级转型，以提供更好的建造服务，推动上下游整合。企业在选址决策时，大多依靠的是过往经验。本书则提供了一种方法，通过介绍模糊评价方法选址流程，结合专家打分的定性和定量评价，综合考量选址影响因素，帮助企业提高选址和基地内部规划的科学性。在建筑工业化基地的落户中，拓展模式对企业发展影响深远，一些基地依托大项目推行“永临结合”，在集约化资源利用、减少城市道路施工拥堵方面取得了显著成效；还有一些基地建立了合资公司，这种模式能够利用各方资源优势，实现多方共赢、助推产业可持续发展。并在基地建成后，发展面向业主的“产品+服务”业务模式，以个性化服务为业务增长提供新动能。

我们正处在交通建筑工业化发展的浪潮中，随着产业布局和运营，新的交通生态逐渐形成。希望本书能为广大业界读者把握产业发展机遇提供重要参考，也希望它能对交通建筑工业化产业拓展和运营产生积极的作用。

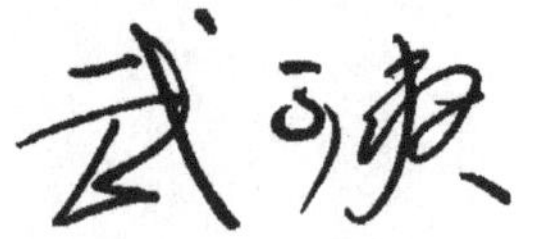

2023 年 1 月

Foreword | 前言

近年来，国内交通建筑工业化发展迅速，相关企业市场拓展模式以及前期规划受到关注。本书依据作者对市场拓展实践的总结和思考，选用了一些交通建筑工业化拓展典型案例进行分析，希望能为同行及相关从业者提供一些参考。

全书共六章，按照产业规划到落地实施的顺序叙述。第一章主要介绍产业发展背景，阐述新形势下交通建筑工业化的内涵，分析市场拓展现状。第二章介绍产业内容，包括预制构件、水泥混凝土、干混砂浆、机制砂石、钢结构等产品的生产加工，以及建筑施工中废弃泥浆的资源化利用，并介绍生产过程常用的智能化生产技术及应用场景。第三章以某服务市政工程的建筑工业化企业选址案例为背景，采用理论和实践结合的方式说明基于模糊评价方法的企业选址流程。第四章介绍企业的内部场地规划和设计，主要阐述预制构件生产企业的场地建设要点。第五章介绍市场拓展模式，依托大项目以“永临结合”的方式建设建筑工业化基地，后期根据地方政策转为永久型生产基地，可以规避土地指标等制约要素，使项目快速落地。此外，各方平台公司通过一定合作建立利益共同体，发挥各方优势，多方共赢，有利于企业属地化长久发展。最后，列举了一些目前正在运营的成功案例。第六章介绍交通建筑工业化企业的运营管理，如何运用质量、成本、关系和服务策略占领市场，企业在不断增强核心竞争力的前提下，发展多元化产业，获得可持续发展；同时还探讨了轻资产运营模式，利用建筑工业化的新产业优势，运用新技术和信息技术，提高管理效率。附录汇编 3 篇浙江省交通行业建筑工业化政策文件。

在本书的编写过程中，浙江交工集团股份有限公司领导和同事给予了大力支持和帮助，在此表示深深的感谢。

由于作者水平有限，书中难免存在不足和疏漏，敬请读者批评指正。

作　者

2023 年 1 月

Contents | 目录

第1章

交通建筑工业化产业基本情况

1.1 产业背景

1.1.1 发展背景

交通基础设施包括交通运输线路、交通运输港站以及其附属设施和支持系统等，对国家经济发展有着举足轻重的作用。改革开放以来，我国交通基础设施有了飞跃式发展，铁路与公路运营里程、民航机场和港口泊位数量分别增长了将近2倍、5倍、2倍和20倍，高速铁路和高速公路里程排名世界第一。在我国，东部沿海地区已拥有比较发达的交通网络，给经济发展注入了强大动力；而中西部地区交通条件还很不完善，无法满足当地发展的需要。因此，我国的交通基础设施建设还有很大的发展空间，未来也将有更大规模的投入。然而，经过几十年的粗放发展，交通建筑行业存在资源消耗多、环境污染高、科技水平低、质量和性能差、工业化水平低、产业收益率低等现象和问题。根据国内八大交通建筑央企（中国建筑、中国中铁、中国铁建、中国交建、中国中冶、中国能建、中国电建、中国化学）2021年度报告，中国交建等企业平均净资产收益率约10%，117家工程施工类业务子公司仅有1家企业净资产收益率大于20%，86家企业净资产收益率小于10.4%。交通建筑行业的收益率远低于日常消费品、医药等行业，企业为了存活而恶性竞争，迫切需要寻找新的出路。建筑工业化产业作为传统建筑业转型升级的路径之一，涉及大量的新模式、新材料、新设备，可能会为交通建筑行业的发展赋予新的发展动能。

在交通基础设施建设中，采用预制加工的桥梁构件约占80%，包括空心板、T梁、小箱梁等。施工单位中标后，建立项目部，在桥梁施工点附近通过征地建设临时预制场等设施，生产加工梁板，工程结束后进行土地复耕。2020年浙江省某大型企业在建高速公路预制场平均占地36亩[1]/个，场地租赁、建设和设备投入约723万元/个，生产梁板约1200片/个。随着对工程项目要求的提高，这种生产方式暴露出诸多弊端。临时预制场在使用完毕后，土地难以复垦复耕，同时临时性投入大、成本高、技术创新不足、质量和安全生产风险大。在预制构件加工生产模式中，欧美国家很早就采用了工业化生产方式，预制构件生产企业除了加工预制混凝土构件外，还有一大部分上下游延伸业务，如砂石集料、沥青、商品混

[1] 1亩≈666.7m^2

凝土生产以及现场施工服务，如美国著名企业奥尔德卡斯尔公司（Oldcastle Inc.）构建了以预制构件生产为核心的上下游产业链。对比之下，我国的建筑工业化产业有很大的发展空间。

1.1.2 产业简介

在交通行业中，建筑工业化产业主要涉及公路、铁路、城市轨道交通、综合管廊等领域，影响投资开发、设计咨询、产品制造、装配施工、销售交易、维护管理等上下游产业（图 1-1）。

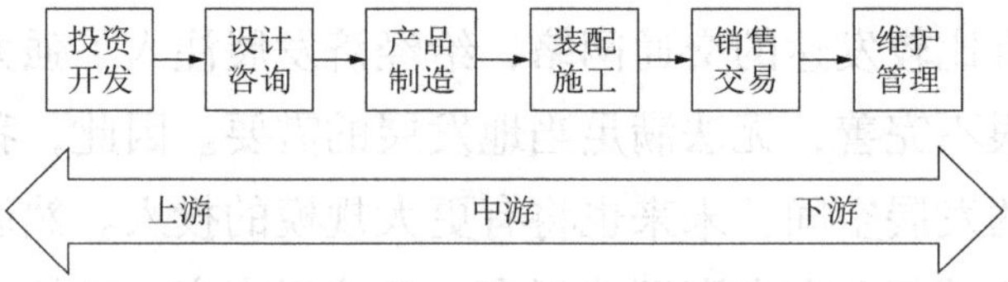

图 1-1 交通建筑工业化产业链

发展建筑工业化有助于推动全产业链、全寿命周期的质量和效益提升。实施建筑工业化后，产业链中出现了大量的预制产品，如箱梁、T 梁、铁路轨枕、地铁隧道管片等。预制构件的生产从现场转到工厂，施工方式由现场浇筑变为现场装配，并引起产业内涵、运营范式、业务模式的转变，具体如下：

一是建筑工业化产业内涵更广。在传统建筑业中，浇筑混凝土等生产活动集中在施工现场，并与为数不多的上下游产业形成相对固定的合作关系。而在建筑工业化中，装配式建筑的生产安装是产业核心，围绕此核心，企业研发新材料和新型预制构件，带动预制构件及原材料物流运输、全寿命周期运营维护等上下游产业同步发展。

二是运营范式转变。在传统预制场生产模式中，一个项目竣工验收后将拆除临时设施，人员和设备转移到下一个项目。工程人员和一线工人游牧式工作，工作环境较为艰苦。临建设施、土地资源存在大量浪费。在建设期中，地方建设管理部门以及业主、施工、监理单位之间通过大量协同建立起来的沟通机制，对工作实施至关重要，却随着工程结束而结束，随之增加了后续业务开展难度。永久性工厂的设立可以解决这些难题，生产场所固定后，企业与周围地方平台建立起来的社会协作关系更加稳定，可以节省大量沟通成本。企业将会在提高产品质量方面投入更多精力，并开展创新工作，以降低生产成本，提升利润水平，有助于在新产业领域形成品牌优势，深耕属地市场。

三是业务获取方式转变。传统的交通建设项目是施工单位通过招投标形式获取的，工程项目利润微薄，低价中标给项目的运营管理带来很多困难，投标难、中标后更难。装配式建筑建造过程和产业组织模式、新产品会带来更多的科技附加值，拥有更多的利润点，除了大规模工业化生产能降低成本外，开发智能化预制构件还能满足人们对科技的需求，"产品＋服务"的业务模式将成为产业持续发展的必然路径。"产品＋服务"的业务模式是结合业主需求和工厂资源，在结构全寿命周期内，承接方提供产品生产和装配之外的服务，例如项目规划设计、结构健康维护等。这种业务模式下，承接方需要具备较为完善的产业链配置，能够结合业主需求提供一整套的服务，例如包含预制构件生产、装配施工的 EPC（设计＋采购＋建设）项目，这也要求承接方与业主密切互动，维持业务的可持续发展。

1.2　什么是交通建筑工业化?

1959 年，我国引进苏联深梁式大板装配式建筑，预制装配桥梁结构开始发展。为解决现场加工困难的问题，在一些小型桥梁结构中，施工单位采用预制钢桁架、预制空心板梁、预制 T 梁、双曲拱等结构，利用小型机械设备完成运输和吊装，并用湿接头连接。20 世纪 80 年代，伴随改革开放大潮，大量务工人员涌入城市，给城市建设提供丰富的劳动力。然而，随着商品混凝土的兴起、现浇技术的进步，使预制装配技术逐渐失去优势，在 20 世纪 90 年代的发展基本停滞不前。2000 年以来，随着大型跨海桥梁的建造需求增多，预制装配技术重新崛起，预制节段梁、预制钢箱梁、预制小箱梁和海上湿接头桥墩等构件得到应用。施工单位利用架桥机、起重机、挂篮等大型设备完成大体积结构的运输、吊装，施工现场利用保持全预应力的干接缝（节段梁）或者湿接头（海洋桥梁墩柱）连接，加快施工进度，为海洋恶劣环境下的建造提供了一种可靠方式。2010 年以来，劳动用工成本逐渐上升，工程建设行业利润不断下降，伴随着业主需求提高、环保要求的升级，预制装配桥梁得到了快速发展，干接头预制桥墩、盖梁、防撞墙得到应用。施工单位利用高移动性的大型设备（如履带式起重机），完成高精度的结构运输、吊装，大幅度缩短现场作业时间、减少施工作业空间与现场工人数量，以此降低成本。

现阶段，我国的交通建筑工业化是指通过标准化设计、工厂化生产、装配化施工、信息化管理、商品化销售，完成交通基础设施建设的方式。

1.2.1 标准化设计

标准化设计是指在工程中尽量使用相同规格、尺寸、精度的构件。标准化设计为工厂重复生产提供必要条件，实现从单个加工到大规模工厂化生产的跨越。使用标准化构件组合可拼装出美观新颖的建筑物外形，因而标准化设计和个性化造型并不矛盾。

经过近年的大力推动，交通建筑工业化行业具备了一些雏形。目前，预制构件设计标准以地方、企业标准为主，行业、国家的系列标准尚未形成。在国内一些地方，已经形成了区域范围内的预制构件标准化、通用性设计。上海市住房和城乡建设管理委员会等相关主管部门积极推进标准化设计、装配式建筑标准规范的制定，标准规范体系的覆盖面不断扩大，使得标准化设计技术基本满足预制装配式建筑的实施要求（表 1-1），标准化技术支撑力度位居全国前列。浙江省多家企业联合发布了预制混凝土小箱梁、T 梁、盖梁、立柱的标准规范（表 1-2），对产品原材料、试验方法、储存及厂内运输等方面作了全面细致的技术规定，进一步改变市政桥梁预制构件“各行其是”的现状，让标准预制构件可以在整个市场内流通。

上海市预制桥梁结构设计标准规范　　表 1-1

名　称	标 准 号	实 施 时 间
《预制拼装桥梁结构标准设计图》	DBJT 08-135—2022	2022 年 7 月 1 日
《节段预制拼装预应力混凝土桥梁设计标准》	DG/TJ 08-2255—2018	2018 年 6 月 1 日
《预制装配式混凝土构件图集》	DBJT 08-121—2016	2016 年 6 月 1 日
《简支预应力混凝土小箱梁图集》	DBJT 08-115—2011	2011 年 11 月 1 日
《预制钢筋混凝土小截面方桩》	DBJT 08-106—2006	2006 年 9 月 1 日

浙江省部分预制桥梁结构设计标准规范　　表 1-2

名　称	标 准 号	实 施 时 间
《预制混凝土小箱梁》	T/ZJCX 0009—2022	2022 年 5 月 12 日
《预制拼装桥墩设计与施工技术规范》	DB33/T 2385—2021	2021 年 10 月 30 日
《装配式混凝土桥墩应用技术规程》	DB33/T 1201—2020	2020 年 10 月 1 日
《预制混凝土 T 梁》	T/ZJCX 0010—2022	2022 年 5 月 12 日
《预制混凝土立柱》	T/ZJCX 0007—2022	2022 年 5 月 12 日
《预制混凝土盖梁》	T/ZJCX 0008—2022	2022 年 5 月 12 日

1.2.2 工厂化生产

工厂化生产需要考虑基地场地规划、预制构件生产加工、模具选择、钢筋加工、混凝土养护和质量控制等方面的问题。

在基地场地规划方面，场地应与产业内容相适应，以发挥最大效率，降低原材料和能耗，提高产品质量。规划时，企业应采用定性和定量相结合的方法，科学选取地理位置，合理规划场内各区域的位置、占地面积。在预制构件生产加工方面，预制构件生产线可采用包含长线台座生产线、机组流水线、自动化流水线等多种形式的设计。在模具选择方面，企业应选择高精度钢模板以满足工业化生产构件的刚度、精度、稳定性要求。例如，乐清湾大桥及接线工程在国内首次实现了±2mm 的节段梁预制精度。其中，模板方案选择是重点，项目采用了内外模全液压控制，模板调整精度达到±0.5mm，而预应力系统使用垫片、堵头、连接管设计，保证节段之间管道连接的顺直，确保施加预应力时，整体线形可控。在钢筋加工方面，许多预制构件生产线存在钢筋加工效率低、投入人力多以及台座占用时间长等问题，需要通过不断提高钢筋加工自动化、智能化制造水平，实现全自动弯曲、切割钢筋，还可采用焊接机器人对钢筋进行焊接，提高生产效率和产品质量。在混凝土养护方面，混凝土预制构件养护需要消耗大量能源，应提倡应用清洁能源，节约不可再生能源。在质量控制方面，企业选择合适的信息化管理方式，依托 BIM（Building Information Modeling，建筑信息模型）平台，实时掌握生产过程信息，提高精细化管理水平。

随着工厂化生产而来的是质量监管机制的转变，由传统的对项目建设过程的监管转变为对构件制造生产过程的监管。业主通过对原材料质量进行把关，保障预制构件的质量，从而替代以往对操作过程的质量监督管理。此外，专业分工也在向技术集成发生转变，并且不局限于专业上的集成。随着人们对工程质量和美感要求的提高，预制构件不会像工业产品一样大量复制，更有价值的是产品性能的提高、成本的节约与生产效率的提升。例如，使用高性能、超高性能混凝土制作构件，可减少后期维修保养费用；使用智慧仿生材料，可减小构件尺寸以降低地基承载力；采用数控设备、数字化管控措施，可提高生产效率，降低管理成本，提高产品全寿命周期内的品质。

国内对预制构件场地的规划设计，目前以临时、小型为主。场地建设标准低，不能满足长期生产和高质量发展的需要，没有行业统一建设标准。以构件预制为主的建筑工业化基地介于制造业和建筑服务业之间，管理界限不清楚，各地的对口管理部门不同，造成了基地管理和自身发展的模糊空间。在美国，由 PCI 协会（Precast/Prestressed Concrete Institute，预制和预应力混凝土结构行业协会）认证，建筑工业化基地要求具备详细的质量管理体系手册，每年在不预先通知的情况下被协会审核。PCI 协会还对建筑工业化基地质量控制技术员进行认证，推动专业施工队伍形成。通过大型预制构件小型化设计，减少运输条件限制，整跨梁将分为多个节段，运输至现场后进行拼接。

1.2.3 装配化施工

装配化施工技术是将预制构件进行现场拼装的施工方法。在桥梁工程中，主要构件有承台、立柱、盖梁、箱梁、防撞墙等；在隧道工程中，主要构件有盾构管片；在水运、港口工程中，主要构件指桩基以上的预制构件。

装配化施工将现场浇筑混凝土等湿作业转变为拼装干作业，构件生产和组装由串行顺序向平行设计和生产转变，现场施工时间大大缩短，城市施工引起的拥堵得到明显改善，施工噪声、粉尘等环境污染大大减少，因而特别适合城市、景区等环境要求高的地区。在市政工程中，桩基施工和承台、立柱以及盖梁预制可同时进行，缩短了工期，且现场不搭设支架，减少了交通干扰。一些地区冬季混凝土现场施工困难，企业可在气温较高时完成构件预制，不会影响工期。临海和海洋工程受气候影响很大,企业可在陆地上集中预制构件后由船运至海洋上拼装，缩短海上作业时间，大大降低了环境对施工的影响，减少了作业风险。

目前，国内施工活动中的自动化设备还很少，一线操作人员需求量仍然很大，施工速度还有较大提升空间，具体可从以下两个方面进行改进：一是改进施工工法，操作人员以无支架或少支架进行作业，优化快速装配的预制连接件（固定式装配、可拆卸式装配、活动式装配）和装配工艺（高品质、高效的装配工艺原则），合理选择电动装配设备；二是积极应用 BIM 等信息化技术，提高装配施工的精细化管理水平。

1.2.4 信息化管理

在交通行业中，信息化管理是指运用 BIM、物联网、人工智能、5G（第五代移动通信技术）等信息化技术，将相对独立的决策、实施、运营阶段运用管理集成思想，对管理理念、管理目标、管理组织、管理方法等各方面进行有机集成。

建筑工业化是对传统的劳动密集型生产方式进行改造，以高效率、高质量地完成施工任务。相关研究表明，我国的信息化管理主要分为信息收集、信息传递、信息管理。在信息收集方面，企业通过物联网技术及时获取信息，各类型传感器快速、安全、准确地将信息传输至上级平台，例如现场采集的图像，及时识别安全隐患。在信息传递方面，信息需要统一、兼容的数据格式，基于结构物的 BIM 共享环境，利用 VR（Virtual Reality，虚拟现实）技术将数字分析结果以虚拟现实的方式呈现，提供视觉、听觉、触觉等多方面的沉浸式体验。在信息管理方面，企业可利用大数据、云平台等技术实时分析、高效处理数据，通过虚拟施工、碰撞检查、施工方案优化等措施，提高施工质量和效率。

1.2.5 商品化销售

预制构件等建筑工业化产品作为商品在一定市场范围内出售，企业出售商品获得销售收入，是实现基地产值营收、税收和利润的基本要求，影响着基地的可持续发展。

除了预制构件产品外，各种建筑材料及半成品均可作为商品销售，市政小型预制构件、商品混凝土、机制砂石已经以商品的形式在市场销售。大型梁板多为订单加工，少数地方形成了市场销售模式，例如上海的预制构件市场，是由总包单位自行向生产企业采购；在浙江绍兴，构件生产企业发布产品标准，在政府管理部门备案，产品质量受市场监督局监督，地方行业质监站和监理单位不直接参与企业质量管理，产品质量抽检由产业联盟组织实施。企业按订单要求加工生产预制构件，出具产品合格证，对产品质量负责。为了建立更广泛的市场、形成良性运作机制，根据产业发展现状及需求，管理部门可进一步完善行业政策文件，打通专业分包、劳务分包与预制构件制造之间的壁垒，在可控监管体系内允许施工企业与生产企业开展预制构件的委托加工合作，业主、监理单位及相关行业部门对构件的生产进行全过程监管，从原材料到构件成品验收及过程质量检测控制的实质不发生改变。在保证构件产品质量和监管程序规范的情况下，培育和扶持企业的健康发展。

1.3 为什么要发展交通建筑工业化?

1.3.1 传统行业转型升级的需要

长期以来，建筑业生产力水平低下、生产方式粗放、施工污染严重，尤其是行业竞争激烈、低价中标恶化了发展条件；人口红利消失、环保要求越来越高，造成利润水平越来越低，企业生存举步维艰，整个行业迫切需要转型发展，建筑工业化作为转型路径之一被国家和地方大力推广。传统建筑业属于服务业，结构和产品制造水平、精度、效率远不能和制造业相比。以工业化生产结构和产品为切入点，能带动结构标准化设计水平发展，提高加工精度和效率，带来新的就业机会，改善建筑业生产加工过程中的环境污染问题，并提升行业效益、拓展行业生存空间。交通建筑工业化是现代建筑技术与交通工程技术融合发展的重要领域，也是装配式建筑未来发展的重点方向，聚焦新技术、新产品、新模式、新业态，培育交通领域发展新优势、新动能，引领带动劳动生产率和质量安全水平的提升。此外，交通工程投入资源多，对整个国民经济和社会影响大，依靠产业引领优势，提升土地等资源集约利用水平，实现可持续发展，形成工程全寿命期特征的产业结构和生产方式，实现行业发展和生态环境保护协同推进。根据初步估算，采用超高性能混凝土材料的 CO_2 排放量为 161.2t，而采用钢结构的 CO_2 排放量为 332.7t，采用现浇混凝土的 CO_2 排放量为 219.5t。由此可见，交通建筑工业化是建筑业节能减排的重要途径，通过应用低碳环保新型材料，助力基建绿色低碳转型。

1.3.2 行业高质量发展的需要

发展交通建筑工业化，一是满足国家和行业发展需求，二是产业具备独特的优势。

交通基础设施不仅仅要实现自身高质量、高效益，还要能够高效支撑现代化经济发展体系的建设。2019 年，《交通强国建设纲要》明确提出建设现代化高质量综合立体交通网络，构筑多层级、一体化的综合交通枢纽体系。交通领域的高质量发展内涵包括以下四个方面：一是交通网络规模合理适度，能够满足国土空间的综合协调和立体开发，交通基础设施网络得到优化；二是技术水平先进适用，能够符合智能化和精细化运营趋势，实现基础设施的精细化运营管理；三是发展动力健康持续，能够防范重大风险，基础设施建设高效益、高品质；四是创新路径多元，能够支撑现代化经济甚至催生相关产业发展新动能，交通基础设施与新模式、新技术等产业联动，共同进步。

新形势下，交通建筑工业化绝不仅仅是将现浇生产转变为工厂预制，提高工业化生产比例。除了建造方式转变，还有建设理念、商业模式的转变。一是交通建筑工业化与智能制造协同发展，将劳动密集型制造向智能化制造转变，传统构件向智慧化产品转变，从源头上提高交通基础设施智能化水平。2020 年 7 月，住建部等 13 部门联合发布的《关于推动智能制造与建筑工业化协同发展的指导意见》（建市〔2020〕60 号）指出，到 2025 年，推动形成一批智能建造龙头企业；到 2035 年，“中国制造”核心竞争力世界领先，建筑工业化全面实现，迈入智能建造世界强国行列。二是新产业与工程总承包项目结合，在大项目环境下转变行业管理机制，资源获得统筹高效利用。新产业与行业原有的生产制造单位协同，整合重构流程，建立新兴业务模式。利用新产业推动传统交通建筑行业升级，推动产业重新“洗牌”，借此摆脱传统产业链不良业务。三是在现有成熟项目基础上，采用新技术、新设备、新工艺，改善工人作业环境，提升工作内容的科技含量，推动一线工人向产业工人转变。

装配式建筑施工在交通基础设施建设中的应用主要涉及公路、铁路、城市轨道交通、综合管廊等领域。通过近年的探索实践，建筑工业化在保护环境、节约资源、缩短现场作业时间上表现出明显的优势。一是保护施工现场原有生态。承台、立柱、盖梁、桩基以及小型构件在工厂内预制完成，运送到现场拼装，减少了现场预制对环境的污染，大大缩短了场地占用时间，减少了现场施工对周边居民日常生活的影响，尤其适合对环境要求高的工程项目，如公园、河流、市政。二是节约利用自然资源。预制构件、混凝土等成品和半成品由工厂集中生产，面向周围项目统一配送，减少重复建设桥梁预制场。在工厂化、集约化的管理模式中，大型的施工现场缩减至几条生产线内，通过相关智能设备、智能管理体系的协助，有效提升原材料利用率，减少废料产生；在逐渐完善配套产业后，标准化设计可以提升设备重复使用的次数，降低工程成本。据统计，对于相同的分项工程，采用预制拼装方式比传统施工方式大概可节约 20%的用电、60%的用水，减少 20%的占用土地和 80%的垃圾排放。三是缩短现场作业时间。传统的施工活动需要严格遵守工程自身的客观规律，比如，任何一座公路桥梁必须先进行桩基浇筑，接着是立柱等下部结构成形，最后是桥梁上部结构以及附属设施施工，这就导致各类构件较长时间地占用施工场地。但装配式建筑施工彻底打破了部分工程的原有规律，使得不同部位、不同构件可以实现平行施工、同时预制。如在工厂内集中预制构件，避免了恶劣天气对施工的干扰，有效缩短了整体工期；现场施工活动主要是构件安装，无支架搭设、无混凝土现浇，减少了对周边居民日常生活的影响。根据宁波舟山港主通道工程统计，1 年中海上有效作业时间由 200d 提升至 300d，大大缩短工期，全线栈桥共 7.8km，在 3 个月内即完成施工。

1.4 交通建筑工业化产业发展思考

1.4.1 产业发展不足

1）缺乏产业拓展指导

交通建筑工业化的宏观布局由国家、地方政府层面发布规划决定，但缺乏在地方落地拓展的具体工作指导，包括一定区域内的产业布局规划和基地工厂自身的产业内容。建筑工业化企业不只是一个构件加工厂，还应能够作为纽带，带动地方和行业的研发设计、建材生产、装备制造、物流运输、运营维护等上下游全产业链的发展。根据现有生产情况，交通预制构件的经济运距为 50～100km。在理想的规划布局下，企业数量合理并科学分布，能够覆盖区域项目；在相互交叠的运输范围内，不同企业的产品型号互补，并形成各自特色。但如果没有统一规划和引导，企业的自发行为将会带来市场无序发展、恶性竞争、资源浪费等问题。同时，不同行业采用的规范、工艺、设备也不同，考虑成本因素，同一预制场难以生产符合多个行业标准的构件产品。因此，企业应选择行业内几种特定产品进行大量生产，以利于在短时间内占领市场。

以交通建筑工业化工厂为切入点，带动交通工程质量、施工安全水平提升，加快产业链转型升级，是当前很多大型企业和地方平台选择的行业发展路径。然而，当前交通建筑工业化的顶层设计缺失，发展目标、步骤和布局规划亟待完善，产业可持续发展不确定，如何将交通建筑工业化工厂落户地方，成为产业拓展的难点和关键。

2）产业运营体系不完善

当前，标准规范的缺失是制约交通建筑工业化发展的主要原因。主要表现在以下两个方面：一是预制构件生产效率低。预制构件缺乏统一标准，构件拆分形式多样，生产效率受项目体量影响很大，总体上还不能达到工业化生产的效率。一些项目的构件设计频繁改动，严重影响生产效率。二是订单式生产不利于平稳运营。为了满足不同项目的需求，工厂需要根据订单改造生产线，导致生产成本增加。由于混凝土预制构件生产周期较长，工厂为了赶订单超负荷运转，造成供不应求的假象。而同一个区域内大型工程的投建往往存在间隔，如何运用产业和社会资源维持工厂可持续运营，是建筑工业化工厂业务布局的难点。

3）产业发展配套政策不足

交通建筑工业化产业涉及面广，遇到的问题十分繁杂，问题的解决需要行业管理理念、管理政策和技术体系的全面升级。事实上，在装配式建筑发展过程中，还一直存在着技术可靠性（接受度）、经济可行性（成本增加）的争议。一些地方管理部门对建筑工业化产业的认知停留在项目临时预制场阶段，土地等配套资源提供不积极，造成产业难以拓展。根据已有的市场拓展情况可知，土地是核心要素，是影响交通建筑工业化产业的关键条件，土地指标能解决，工厂就能落地建设。交通建筑行业还面临着产业政策和体系不完善、缺乏与工业化相适应的标准化设计、地方管理部门缺少建筑工业化规划、产业可持续性发展不确定等诸多问题，装配式建筑产业发展还只是依托特定项目而存在，离实现真正工业化、商品化还有很大距离。

1.4.2 市场拓展模式有待探索

1）产业链平台需要合作

在交通建筑工业化参与单位中，处于产业链中上游的单位占主导地位。其中，预制构件生产和施工单位成为变革落实的核心环节，由永久性生产企业取代临时性生产场所，集中供应预制构件和商品混凝土等成品和半成品。工厂可以新建，也可以是原有预制场、砂石料加工厂、沥青拌合站等场地的改造升级。政府和行业等相关部门通过生产企业认证、评级等方式，推动工厂规范化建设，建立质量管理体系。在永久性生产企业的运营中，最好能有来自不同行业的企业结成的利益共同体，例如投资平台、设计单位、生产单位、建设单位，以交通建筑工业化企业的利益驱动行业相关平台产业发展。当下工程项目越来越大，对承接单位的能力要求越来越高，各方平台采用一定方式建立利益同盟，规划、建设、运营维护乃至发展延伸产业链，深刻影响产业的可持续发展。

2）标准化程度需要提高

虽然一些企业开发了标准化产品及工艺，但整个行业还缺少统一的标准，不能从研发、设计、生产上形成统一规范。建议企业从设计角度出发，加强预制装配式建筑的设计研发，对预制构件进行标准化设计，完善现有通用图，统一装配式建筑结构设计，形成交通建筑标准构件产品图库。为减少道路运输和吊装拼接的限制，扩展工业化产品的应用范围，不断减小预制构件的自重和尺寸。

3）生产成本需要降低

据粗略统计，采用预制拼装建造方式的构件每平方米造价比现浇式高200元。预制构件生产企业处于市场起步阶段，在预制构件的制造环节，为适应构件的吊装，需增加必要的钢筋用量；在现场构件和部件连接的环节，会产生施工用工和材料消耗；在施工现场的堆放环节，会增加堆放场地和设备投入，而在构件的吊装施工等环节，也都会增加成本，形成“叫好不叫座”的现象，因而需要政府适时给予财政补贴，预制构件生产企业才能形成市场竞争力。

4）工程质量需要提高

工厂流水线生产的预制构件，其原材料质量、模板精度、浇筑工艺能够得到有效控制，构件成品性能普遍比现场浇筑生产的成品更加稳定。然而由于建筑工业化发展时间短，桥梁预制构件还没有成熟应用，现实中可能存在着构件设计时未按照最有利于工业化生产的方式拆分、生产过程中质量不达标、构件破损、接缝质量差、预埋件未按规定等问题，影响工程整体的质量。

5）技术支撑需要加强

装配式建筑物全寿命周期涉及设计、生产、施工、运维各个阶段，这些阶段普遍以BIM技术为基础。BIM技术可以提高装配式建筑协同设计效率，降低设计误差，优化预制构件的生产流程，改善预制构件库存管理，模拟优化施工流程，有效提高装配式建筑设计、生产和维护的效率。在设计阶段，设计人员利用BIM技术所构建的设计平台，能够快速传递各自专业的设计信息，对设计方案进行“同步”修改；在施工阶段，利用BIM技术结合RFID（Radio Frequency Identification，射频识别）技术，通过在预制构件生产过程中嵌入含有安装部位及用途等信息的RFID芯片，方便存储验收及物流配送人员直接读取预制构件的相关信息，实现电子信息的自动对照，减少在传统的人工验收和物流模式下出现的验收数量偏差、构件堆放位置偏差、出库记录不准确等问题，节约时间和成本。然而，我国建筑和建材的制造和施工企业目前运用信息技术还不普遍，协同效果还不理想。

6）产业工人队伍需要补充

近年来，企业出现一线工人用工困难、先进设备操作对工人技术要求高的问题。除了通过培训提升工人操作技术水平外，仪器设备研发单位还应降低设备的操作难度，工人无须掌握过多专业知识即可完成操作，增加用工灵活性。此外，企业还应优化工作环境，吸引年轻人加入交通建筑行业。

1.5 “一带一路”中交通建筑工业化产业拓展挑战

全球化正在迈入新阶段，中国的“一带一路”成为重新塑造全球化格局的重要驱动力量。“一带一路”沿线部分国家和地区经济发展水平较低，交通基础设施亟待建设和升级改造。“一带一路”给中国交通建筑业提供了重大机遇和挑战，催生对外承包工程新机会，促进传统行业转型升级，推动交通建筑业高质量发展，从单纯的资本输出转变为资本、建造、制造和技术的综合输出。沿线的发展中国家通过与中国合作建设，建立本土的工业化平台，中国发挥着引领全球交通建筑工业化的重要作用。然而，一些企业缺乏对国际市场经营战略的研究，难以扎根当地市场，或是对区域市场经济、政治因素不熟悉，致使产业难以拓展。因此，在国际争端日益激烈的今天，依托“一带一路”带来的工程项目机遇，发展海外交通建筑工业化，尚面临以下三个方面的挑战：

一是属地化发展挑战。交通建筑工业化永久性企业面临如何融入当地，并将中国先进技术和标准输出，满足当地市场需求的难题。这些企业首先需要进行市场调研找准定位，依托现有的项目或者市场缺口，逐步在当地市场站稳脚跟。

二是人才挑战。企业拓展海外市场，除了要有精通技术的工程技术人员，还需要有能有效沟通谈判的其他专业人员，熟悉所在国的法律和相关政策，能够进行项目投融资、运营以及人力资源管理等。

三是企业服务的综合性挑战。由于部分国家和地区展水平较低，业主方经常将一个项目整体打包开发，需要企业具有提供全产业链、全寿命周期服务的能力。企业从工程产品的生产制造、安装建设到境外投资、多元运营和综合服务的功能转变，利用当地需求延伸建筑工业化产业链，促进当地经济和社会的发展。

第2章

交通建筑工业化产业内容

交通建筑工业化产业链一般包含混凝土预制构件生产、交通材料加工生产以及上下游延伸产业。广义的交通材料包括砂石原材料、沥青及其制品、外加剂、水泥混凝土新材料、再生建筑垃圾以及功能性干混砂浆等，上下游可延伸至物流运输、新材料设计研发、全寿命周期健康维护等产业。

产业发展需要行业新模式、新工艺、新技术，加速推进工程总承包业务承揽方式，优化产业链布局，提升行业效益。新时期的交通建筑工业化产业离不开数字化发展。数字技术是近年来高速发展的产业形态，人工智能、大数据、5G、物联网、BIM 等信息技术快速改变传统制造业的发展状况，表现出强劲的带动作用，未来可能会赋予产业颠覆性变革。

2.1 混凝土预制构件生产

2.1.1 产品类型

1）桥梁上部结构和下部结构

桥梁上部结构包含箱梁（图 2-1）、T 梁、桥面板、桥台、防撞护栏等，下部结构包含桥梁墩柱、盖梁、承台、桩基础等。

图 2-1 鱼山大桥节段预制单室箱梁

（2018 年，鱼山大桥预制了当时国内最高节段箱梁，该节段梁宽 3m、高 12.143m、重 265.8t。）

箱梁具有良好的结构性能，广泛应用于中等、大跨预应力混凝土桥梁中。箱梁内部空心类似箱子，根据预制加工时横截面箱室的数量，分为多室箱梁、单室箱梁等。无论是箱梁（图 2-2）还是 T 梁（图 2-3），预制工艺均分为节段预制和整幅预制。节段预制是将桥梁按照纵桥向分成若干节段进行预制，逐段拼装组合成桥；整幅预制是按照吊装设备能力逐孔预制，然后将预制构件安装在墩台和临时支架上，接头连接采用现浇混凝土，最后张拉预应力筋，梁体安装到位。节段预制场地处理相对简单，对提升设备要求较低；整幅预制对地基、场地要求较高，场地需要大型吊装设备，理论上整幅预制施工工期小于节段预制。

图 2-2　舟山跨海大桥项目使用的整幅预制箱梁

图 2-3　杭州第二绕城高速公路项目整幅预制 T 梁

2）盾构管片

公路、市政工程中常常需建设盾构隧道，隧道最内层的盾构管片（图 2-4）承载外围的土体和地下水压力。盾构管片质量直接关系隧道的质量和安全，通常采用高强、抗渗混凝土制作，以确保具有足够的承载力和耐久性。在材质上，盾构管片除了使用钢筋混凝土管片外，还可使用钢管片、钢纤维增强混凝土管片。由于盾构管片技术对工程成本的影响很大，一般需要对管片形状、材质和接头形式进行优化。

图 2-4　杭州第二绕城高速公路项目隧道盾构管片

3）小型预制构件

在公路、市政、机场、水利、港口等工程中常常用到小型预制构件，包括边沟盖板、水管、路缘石、六角块、井盖、便道砖、护坡砖、步行砖等。部分小型预制构件如图 2-5 所示。

a) 水管 b) 路缘石 c) 六角块

图 2-5 国内外市政工程中的小型预制构件

4）混凝土预制桩

混凝土预制桩有实心桩和空心桩两类。实心桩有板桩、波浪桩、护壁桩等类型。板桩用于边坡支护、港口护岸、河岸治理、地下空间围挡等工程，桩间通过企口咬合形成的支挡面平整、美观，达到连桩成墙的支护效果，具有施工速度快、成品质量高的优点。波浪桩是一种新型预制护岸结构，主要用于水利、市政、工业与民用建筑、港口、铁路、公路等领域的边坡或护岸等支护挡土。混凝土采用防腐混凝土，耐久性能好，其抗氯离子、抗硫酸盐、抗冻、抗渗等性能确保满足相关国家标准规范对强腐蚀环境下服役 100 年的要求。护壁桩是一种新型的预应力混凝土实心桩，截面呈正方形，采用预应力与非预应力混合配筋，可用于临时支护、永久护坡、围堰等工程，具有水平承载力高、止水效果佳的优势。

空心桩也叫管桩，预制管桩新产品包括混合配筋预应力混凝土（PRC）管桩、预应力高强度混凝土（PHC）管桩、预制高强钢管混凝土（SC）管桩、预应力空心方桩、预应力实心方桩、超高强混凝土管桩及高性能混凝土管桩等。PRC 管桩是通过组合配筋方式、调整混凝土配合比制作而成的一种新型预应力混凝土桩，其桩身的延展性和水平承载力得到较大幅度的提高，可广泛应用于抗震设防烈度 8 度及以上地区建筑物桩基、公（铁）路桥梁桩基、基坑支护（悬臂桩、桩锚结构），以及码头桩基等需要着重考虑抗弯、抗剪性能的项目中。PHC 管桩采用工厂制作，其桩身强度不小于 80MPa，具有成桩质量高、施工周期短、综合造价低的特点，目前广泛应用于各类工程。SC 管桩采用离心工艺制作，通过外部钢管对内部混凝土产生约束，使混凝土处于三向应力状态，其强度大大提高，塑性和韧性明显改善，具有优良的延性，多用于码头、海工等环境复杂的地区。高性能混凝土管桩具有抗腐蚀、抗冻性能，主要应用在强腐蚀和冻土区域。超高强混凝土管桩将现有的管桩混凝土强度由 C80 提升至 C105～C125，使应用载体桩和劲性复合桩的竖向抗压承载力大幅提升，不仅可解决管桩难以穿透密实砂层、黏土层的问题，还可使管桩竖向抗压承载力得到充分发挥，在桩基础工程中具有明显优势。

2.1.2 生产技术要点

1）生产线布置

预制构件的基本生产步骤包括准备工作、钢筋加工、模板安装、混凝土拌制与浇筑、构件养护、脱模清理等环节。生产组织方式可分为固定台座法、长线台座法、流水线生产法。对于存在大量重复制造的项目，建议采用流水生产线，以充分发挥工业化生产优势。在生产活动中，各个生产环节的布置应便于构件流水生产。

2）生产要点

（1）准备工作

进场原材料应合格，符合相关标准要求。使用前，应开展进料检测和复检，原材料经检测合格后方可使用。钢筋常用屈服强度为300MPa、400MPa、500MPa的热轧钢筋，水泥应采用强度等级不低于42.5的普通硅酸盐水泥或硅酸盐水泥，粉煤灰为I、II级，矿粉为S95、S105级，砂细度模数为2.6～2.9，含泥量小于1%，石料为公称粒径5～25mm的连续级配。

预制构件生产前，需要对设计图进行深化设计。生产企业应做好前期方案，编制生产计划、加工方案、质量控制方案、成品保护方案、运输方案，以保障生产顺利开展。

（2）钢筋加工

加工流水线根据预制构件配筋图计算钢筋下料长度和根数，采用自动化数控设备提高加工精度、效率。钢筋骨架采用多吊点吊装，入模时平直无损伤，防止发生变形。预埋件安装位置应准确，满足方向、密封、牢固等要求。

（3）模板安装

模板应选通用性强、尺寸精度高的产品，进场后应经过长度等检测，合格后方可使用，其侧模和底模应有足够的承载力。

（4）混凝土拌制与浇筑

混凝土应根据前期确定好的配合比，按照国家标准和施工要求进行拌制与浇筑。

(5)构件养护

构件养护有自然养护和蒸汽养护两种方式。其中，蒸汽养护又分为平台加罩养护、立体养护窑养护等。立体养护窑占地面积小、能耗低，适用流水线生产方式。

(6)脱模清理

一般情况下，混凝土养护至15MPa方可拆模。混凝土从侧模开始脱模，再到其他模板，不得采用振动方式拆卸。完成脱模的构件，可进行清理、质量检查和修补，之后运输至堆场。

2.2 水泥混凝土生产

水泥混凝土包括普通混凝土和超高性能混凝土（UHPC）等。

2.2.1 普通混凝土

普通混凝土指以水泥为主要胶凝材料，必要时掺入化学外加剂和矿物掺合料，水泥按适当比例与水、砂石配合，经过均匀搅拌、密实成型及养护硬化而成的人造石材。

砂石约占混凝土总质量的70%。经过几十年的土木工程建设开发，我国天然砂石原材料日渐紧缺，而对于混凝土的质量性能要求却越来越高，这一问题挑战着传统普通混凝土的性能，促使研究人员不断开发新的材料配合比和施工方法。

1）生产工艺

普通混凝土的生产工艺包括原材料选用、试验室优化配合比、原材料混合搅拌等环节。

(1)原材料选用

若要生产质量好的混凝土，高质量的原材料非常重要。企业应严格按照规范选择原材料，尽量使用来源、质量稳定的产品，对进场原材料做好性能检测工作，材料性能有波动时应及时更新配合比。

(2)试验室优化配合比

混凝土试验室根据原材料性能检测结果，对配合比进行优化，满足设计要求。

(3)原材料混合搅拌

搅拌设备的类型、计量精度、投料顺序、搅拌时间等因素对搅拌效果的影响很大，在大规模生产之前，应进行设备试生产。

（4）运输

混凝土运输设备包括混凝土搅拌运输车、泵车、布料机、机动翻斗车等。第一批混凝土出厂应取样检测，合格后方可发车。

2）存在的问题

（1）来自原材料的挑战

一是机制砂如何取代天然河砂。天然河砂外形光圆，配制的混凝土拌合物和易性好，容易浇筑施工。传统的混凝土配合比是以天然河砂为基础，根据工程经验配合比优化而来，而机制砂颗粒棱角多、表面粗糙，且干法制备的机制砂含有大量石粉。若采用机制砂以传统配合比等质量取代河砂，混凝土拌合物需水量增大、易离析泌水，需要开展全新的配合比试验研究。同时，机制砂具有更大的机械咬合力，决定了当采用近似比例的配合比时混凝土应具备更高的强度。因此，采用机制砂取代天然河砂时，成功配制混凝土的关键是取得良好的工作性能，其次才是硬化物的力学性能。

二是矿物掺合料来源不稳定。交通土建工程中常用的矿物掺合料有粉煤灰、矿粉，两者的掺入能够改善混凝土的和易性、力学性能。然而，优质粉煤灰、矿粉的价格已经与水泥接近，影响混凝土的经济性，此外，两者产量无法满足目前市场需求，质量波动和断供问题经常困扰企业。随着机制砂应用的增多，机制砂副产品——石粉逐渐成为一种可靠的矿物掺合料，能够增加拌合物的流动性，提高混凝土硬化物的密实性，但是其活性较低。因此，企业需要对来源多样、性能变化的材料开展更多的性能研究，发挥各种材料的优势，实现变废为宝。

（2）来自用户需求的提高

混凝土的经济性和多功能性常常存在矛盾，解决的途径是生产企业开展配合比设计和性能试验。此外，耐久性受到人们越来越多的关注，包括抗碳化、抗裂、抗海水侵蚀、抗冻等性能，促使试验室开发更多功能的混凝土产品。

2.2.2 UHPC

UHPC 是一种高强度、高韧性、低孔隙率的超高强混凝土。其通过提高混凝土组分的细度与活性，不使用粗集料，使材料内部的缺陷（如孔隙）降低到最少，以获得超高强度与高耐久性。UHPC 最早由丹麦学者汉斯·亨里克·贝奇（Hans

Henrik Bache）在 1979 年发明，随后，法国积极开展 UHPC 研究，到 2018 年，法国颁布了一系列完整的 UHPC 材料、设计和施工标准规范。

中国最早的 UHPC 应用是在 2006 年铁路客运专线的电缆沟盖板，随后快速推进，如今，UHPC 的标准化工作正在我国全面展开，进入标准体系的建立阶段。然而，UHPC 与普通混凝土或高强混凝土相比单价偏高，特别是掺钢纤维的 UHPC。但是在实际工程中，UHPC 能够减少混凝土用量近 2/3，且结构性能更好，还可以减少构件配筋量，甚至完全取消配筋。与具有相同承载力的钢结构相比，UHPC 结构成本相对便宜。

1）UHPC 应用

根据 UHPC 高强度、高韧性、高耐久性等特点，UHPC 应用主要集中在以下两个方面。

（1）桥梁工程

UHPC 由于强度很高，可以减小桥梁结构尺寸，获得更多使用空间，有利于建造跨度更长、净空更大的桥梁。

拉法基集团（LAFARGE GROUP）开发了一款 Ductal®系列 UHPC 材料，该产品的强度比传统混凝土高 4～8 倍。Ductal®产品的微结构是密闭的，这使它具有优良的耐磨性、抗腐蚀性和抗化学侵蚀性，是一种具有超高性能的耐久材料。Ductal®产品与其他性能混凝土耐久性比较见表 2-1。

各种材料的耐久性比较　　表 2-1

耐　久　性		普通混凝土	HPC	UHPC	Ductal®
30d 加速试验后的碳化深度（mm）		10	2	<1	<0.1
抗冻耐久性：300 次冻融循环后的杨氏弹性模量（%）	不引气	10	15	—	100
	引气	50	90	100	100
60 次冻融循环后的质量损失（g/m^2）		>1000	<900	<100	<60
磨损试验，磨损率（%）		4	2.8	—	1.3～1.7

拉法基集团采用 Ductal®材料成功地在美国艾奥瓦州（Iowa）建造了马尔斯希尔桥（Mars Hill Bridge）。如图 2-6 所示，该桥为单跨桥梁，长 110 英尺（1 英尺 = 0.3048m），由 3 根梁承载。由于完全采用 UHPC 材料建造，该桥于 2006 年获得

美国 PCI 协会“第十届桥梁竞赛奖”，并被誉为“未来的桥梁”。

a) 梁的运输　b) 梁的吊装　c) 建成后的马尔斯希尔桥

图 2-6　马尔斯希尔桥

广东清远市英德北江四桥引桥 UHPC 简支箱梁桥（图 2-7）是国内首座采用全 UHPC 的公路桥。该桥采用的 UHPC 等级为 R120，主梁采用节段预制拼装施工，标准节段长 4m、梁高 4m、重约 70t。相比传统的混凝土箱梁，UHPC 箱梁的板件厚度大大减小，梁体自重减轻，后期收缩、徐变影响也大大减少，优势明显。

图 2-7　英德北江四桥引桥 UHPC 简支箱梁桥

（2）结构维修加固

目前，UHPC 主要应用于混凝土桥梁工程的加固。此外，码头、隧道、水利水电、建筑等混凝土结构，同样面临老化以及结构缺陷问题，也均可以采用 UHPC 进行加固。

2）生产工艺

（1）制备特点

相比普通混凝土，UHPC 的制备有以下特点：

①提高匀质性，减少材料内部缺陷。UHPC 只用细集料，可以极大地减少初

期的水化微裂缝宽度，从而减少硬化物的内部缺陷。使用的硅灰除了能够提高混凝土强度外，还能提高硬化物的弹性模量。

②提高堆积密度。UHPC 通过优选颗粒级配，使颗粒混合料体系达到最密实状态。

③选择相容性良好的高效减水剂。UHPC 在拌和时改进搅拌条件，降低水胶比（一般控制在 0.20 以下），由此可获得工作性良好的浆体。

④改善微观结构。UHPC 凝固后进行热养护，可以加速水泥水化反应的进程并保证火山灰效应的发挥，以此改善水化产物的微观结构。

⑤增加韧性和延性，掺入钢纤维。

（2）技术要点

①原材料要求：水泥应采用品质稳定、强度等级不低于 42.5 的普通硅酸盐水泥，其性能应符合现行《通用硅酸盐水泥》（GB 175）的规定，不得使用其他品种水泥。集料应采用颗粒粒径小于 1.25mm 的细砂，并保证清洁，含泥量不应大于 0.5%。所采用的钢纤维直径为 0.2～0.25mm，长度为 12～14mm，抗拉强度不低于 2850MPa。外加剂采用高效减水剂，严禁掺入氯盐类外加剂，减水率不得低于 29%，硫酸钠含量不得大于 2%。

②配合比要求：UHPC 材料应进行配合比试验，试件的性能指标应满足设计要求的抗压强度等参数，拌合物的坍落度应满足施工要求。

③主要工艺技术要求：搅拌设备应选择强制式搅拌机，搅拌速度不低于 45r/min。投料顺序为先加水、外加剂再搅拌，直至拌合物具有一定的流动性；投入砂、水泥及硅粉，干拌 2min；加入高效减水剂及一半的拌合水，搅拌 2min；倒入另一半拌合水，搅拌 3min；最后加入微细钢纤维，再搅拌 3～6min。

搅拌后的 UHPC 材料拌合物应在 30min 内灌注完毕。构件宜连续灌注，最大间隔时间应不超过 6min，灌注时应避免阳光辐射。

UHPC 材料搅拌、运输、灌注及构件制作应在 18℃以上的环境下完成。在灌注 UHPC 材料构件过程中，应随机制作 UHPC 材料试件，试件应随构件或同条件下成型，并随构件同条件养护。

生产企业应在 UHPC 材料的浇筑地点随机抽样制作试件，并检测其强度。每 $50m^3$ 检验一组，批量不到 $50m^3$ 时，按 $50m^3$ 考虑。

桥面板 UHPC 浇筑抹面后，应立即用塑料膜覆盖，防止表面水分损失。12h

后，覆盖麻袋或草袋，对构件进行洒水养护，时间不应少于7d，环境温度不应低于20℃。养护结束后可以拆模，但应注意不得损坏构件的外观，并且不得造成构件主体的损伤。

2.3 干混砂浆生产

干混砂浆是将水泥、砂、外加剂等原材料预混合，以小包装或者罐装形式出售，使用时按比例加水拌和而成的砂浆产品。按照产品类型，干混砂浆可分为普通干混砂浆和特种干混砂浆。普通干混砂浆包括抹灰砂浆、砌筑砂浆、地面砂浆，其最佳的施工方式是机械化施工，能够大大提高使用效率以及成品质量，从而降低综合成本。根据浙江省内干混砂浆生产企业实践，采用机械化施工后，普通干混砂浆施工速度可达传统手工3倍以上，且施工面积越大，成本节约越明显。而特种干混砂浆使用量较小，可根据实际条件进行机械化或人工操作。

2.3.1 干混砂浆产品

普通干混砂浆广泛应用于房屋建筑工程的墙面抹灰、墙体材料砌筑和地面及屋面找平项目。在交通基础设施建设中，经常用到一些具有特殊功能的干混砂浆，如灌浆料、修补砂浆、防水砂浆等功能型干混砂浆（功能砂浆）。

功能砂浆成分有胶凝材料、矿物外加剂、功能外加剂、集料和水。其中，功能外加剂是功能砂浆的关键组分，赋予砂浆普通性能之外的特殊性能。功能砂浆配制需要更高的技术水平，市场售价一般高于普通干混砂浆。

根据城市发展估计，100万人口的城市每年大约需要10万t的功能砂浆。经济发展催生出新的建设需求，区域的基础设施建设体量越大，功能砂浆用量越大。因此，企业在进行产业规划布局时，可根据地方最新交通基础设施工程规划，估计功能砂浆的市场需求潜力。此外，建筑结构全寿命周期内的维护，也需要功能砂浆。

1）灌浆料

灌浆料由高强度集料、特殊胶凝材料、膨胀材料和外加剂组成，具有高强、早强、微膨胀、流动度大的特点，广泛用于后张法预应力构件灌浆、地脚螺栓锚固、梁柱接头处理。

装配式混凝土结构钢筋套筒灌浆料一般采用水泥基胶凝材料，有硅酸盐水泥、硫铝酸盐类水泥以及硅酸盐水泥和硫铝酸盐类水泥等快硬水泥的复配体系。以硅酸盐水泥为胶凝材料的灌浆料配制简单、成本低，凝结时间在60～300min，但其后期硬化收缩大，1d强度很低，一般通过加入早强剂、膨胀剂及其他外加剂来控制灌浆料的早期强度与体积收缩情况。以硫铝酸盐水泥为胶凝材料的灌浆料凝结时间在10～60min，这种灌浆料具有膨胀性，1d强度在35MPa以上，但后期强度可能倒缩。以硅酸盐类水泥与硫铝酸盐水泥或铝酸盐水泥复配为胶凝材料的灌浆料，可添加混凝土添加剂与矿物材料进行改性，此类灌浆料结合了硫铝酸盐水泥或铝酸盐水泥凝结硬化快、早期强度高、微膨胀的特点，以及硅酸盐类水泥后期强度高、成本低等优势，但其成分较复杂、配合比需经常调整、受温度影响较大、稳定性差，施工前需进行试配以确定相关性能。此外，硅酸盐类水泥与硫铝酸盐水泥或铝酸盐水泥复配时会出现闪凝的情况，通常利用石膏等缓凝剂控制生成钙矾石的含量来改善复合体系的力学性能及膨胀性能。

按照施工环境温度的不同，钢筋套筒灌浆料分为常温型和低温型。在《钢筋连接用套筒灌浆料》（JG/T 408—2019）中，常温型钢筋套筒灌浆料使用时，施工及养护过程中24h内灌浆部位所处的环境温度不应低于5℃，具体技术性质见表2-2；低温型套筒灌浆料使用时，施工及养护过程中24h内灌浆部位所处的环境温度不应低于−5℃，且不宜超过10℃，具体技术性质见表2-3。

常温型钢筋套筒灌浆料技术性质 表2-2

检测项目		性能指标
流动度（mm）	初始	≥300
	30min	≥260
抗压强度（MPa）	1d	≥35
	3d	≥60
	28d	≥85
竖向膨胀率（%）	3h	0.02～2
	24h与3h差值	0.02～0.40
28d自干燥收缩值（%）		≤0.045
氯离子含量（%）		≤0.03
泌水率（%）		0

注：氯离子含量以灌浆料总量为基准。

低温型钢筋套筒灌浆料技术性质　　表 2-3

检 测 项 目		性 能 指 标
−5℃流动度（mm）	初始	≥300
	30min	≥260
8℃流动度（mm）	初始	≥300
	30min	≥260
抗压强度（MPa）	−1d	≥35
	−3d	≥60
	−7d＋21d	≥85
竖向膨胀率（%）	3h	0.02～2
	24h 与 3h 差值	0.02～0.40
28d 自干燥收缩值（%）		≤0.045
氯离子含量（%）		≤0.03
泌水率（%）		0

注：1. −1d、−3d、−7d 代表在负温养护 1d、3d、7d，+21d 代表标准养护 21d。
2. 氯离子含量以灌浆料总量为基准。

2）修补砂浆

修补砂浆有无机修补砂浆、有机高分子修补砂浆、有机和无机复合的聚合物修补砂浆。无机修补砂浆原材料通常是水泥、集料、早强剂、高效减水剂和膨胀剂，具有成本低廉、耐久性好的优点，广泛应用于混凝土路面修补。但由于集料的存在，水泥难以进入微细裂缝，并且存在新老砂浆界面黏结不良的缺点。环氧树脂常常被用作有机高分子修补材料，其比水泥砂浆的黏结强度更大，可用于各种混凝土裂缝的修补，但易老化且价格高。在水泥砂浆中掺入高分子聚合物得到的聚合物砂浆，与老砂浆的黏结作用大大增强，可用于修补受损严重的混凝土路面。

按照变形能力，修补砂浆可分为柔性和刚性；按照功能，修补砂浆可分为普通型、防水型、耐腐蚀型、耐磨型、快凝型和自密实型。技术性能应满足现行《修补砂浆》（JC/T 2381）的规定。

3）防水砂浆

防水砂浆经常用于隧道工程项目的施工，由于硬化后的水泥砂浆本身具有一定的防水性，然而砂浆中的孔隙以及现场操作不当会降低硬化物的防水性。在抗渗、防水要求较高的工程中，需要在水泥砂浆中加入能改善抗渗性的外加剂以制备防水砂浆，如引气剂、减水剂、三乙醇胺、膨胀剂。

2.3.2 制备工艺

1）原材料

（1）水泥

干混砂浆制备时宜采用散装水泥。水泥质量应符合现行《通用硅酸盐水泥》（GB 175）的有关规定。当生产企业对水泥质量有所怀疑，或水泥已超过储存期时，应重新取样检验，合格后方可使用。水泥的安定性、凝结时间、强度等指标应符合规范要求。

（2）矿物掺合料

常见的矿物掺合料包括粉煤灰、石灰石粉、磨细矿粉。粉煤灰是普通干混砂浆中用量最大的矿物掺合料，是燃煤电厂从烟道气中收集的细灰。粉煤灰可赋予砂浆形态效应、微集料效应、活性效应，执行标准参照现行《用于水泥和混凝土中的粉煤灰》（GB/T 1596），满足砂浆用粉煤灰技术要求（Ⅱ级，图2-8）。低品质粉煤灰（图2-9）和磨细炉底渣没有形态效应，主要赋予砂浆微集料效应和活性效应。根据粉煤灰、低品质粉煤灰、磨细炉底渣等质量替代水泥的试验结果，可以看出低品质粉煤灰的不规则外形使 SiO_2 更容易析出，磨细炉底渣的28d内活性大于粉煤灰。由于低品质粉煤灰拌和需水量较大，硬化物后期收缩比纯水泥、粉煤灰、磨细炉底渣样本大，建议低品质粉煤灰替代水泥量不超过30%。

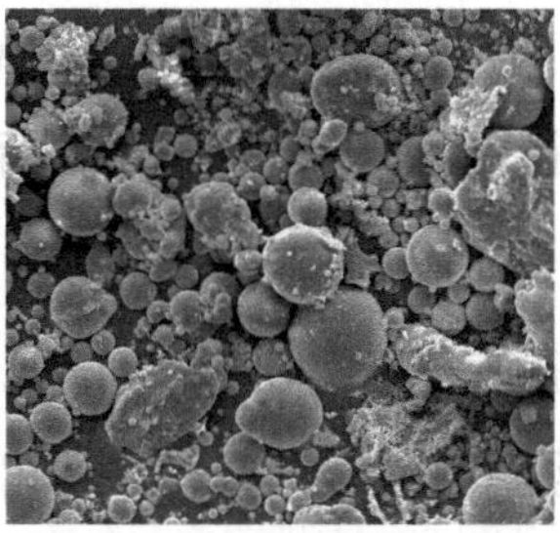

图2-8 粉煤灰电镜图

图2-9 低品质粉煤灰电镜图

石灰石粉主要指石灰岩经机械加工后颗粒小于0.075mm的微细粉体，具有填充效应，可提高浆体的保水性、黏聚性及施工性能。当采用石灰石粉作为掺合料时，应在使用前对其拌和的砂浆进行试验验证。当抹灰砂浆中掺入由石灰岩破碎形成的粒径小于0.075mm的石粉时，其掺量不宜大于5%。

磨细矿粉能够明显提高砂浆28d强度，等质量替代水泥30%时，砂浆的14d强度比加入磨细炉底渣、粉煤灰的砂浆样本高。

（3）砂

干混砂浆用砂主要有河砂、机制砂、淡化海砂，执行现行标准《建设用砂》（GB/T 14684）。制砂的岩石一般有石灰岩、花岗岩、玄武岩、天然河卵石等品种。

砂的技术指标有颗粒级配、细度模数、含泥量、泥块含量、石粉含量、含水率、松散堆积密度、有害物质、碱-集料反应、空隙率、表观密度、坚固性等。

为了便于采用机械化施工，砂的颗粒级配和细度模数要求比传统砂浆高。4.75mm筛孔的累计筛余量应为0，砂的实际颗粒级配除4.75mm和600μm筛档外，其他筛档可以略有超出，但各级筛档累计筛余超出值总和应不大于5%。良好的颗粒级配能够提高砂浆的泵送性、抗流挂性、抗开裂性、抗离析性，还能降低用水量，提高砂浆强度。干混砂浆用砂宜采用中砂，其最大颗粒公称粒径不宜大于5mm，通过1.18mm筛孔的颗粒不应少于60%。其中，干混抹灰砂浆用砂的细度模数不宜小于2.3，且机制砂最大粒径不宜大于2.36mm。

机制砂的MB值（亚甲蓝值）采用亚甲蓝法测定，亚甲蓝法是专用于检测粒径小于0.075mm的物质主要是石粉还是泥性物质的试验（石粉中的含泥量）。当MB值<1.4或经快速法试验合格时，则判定粒径小于0.075mm的物质以石粉为主；当MB值≥1.4时，则判定粒径小于0.075mm的物质中泥性物质的含量偏高。

（4）外加剂

干混砂浆要求拌合物具备黏聚性、触变性、抗流挂性，可使砂浆采用管道输送并易喷涂，因此还要具备可泵性、易喷性、抹平性。为了适应不同的施工温度和墙体基材，外加剂还需要提高砂浆的保水性、施工性能，以及与基层的黏结力，延长湿拌砂浆的凝结时间，常用的外加剂包括保水增稠剂和纤维素醚。

保水增稠剂是改善干混砂浆可操作性能及保水性能的非石灰类添加剂。保水增稠材料可分为无机与有机两类，其中有机材料最常用，无机材料有膨润土、改性凹凸棒土；有机材料为甲基纤维素、羟丙基甲基纤维素、羟乙基甲基纤维素等。

纤维素醚对预拌砂浆性能的影响包括提高保水性、抗流挂性与施工性能，延长凝结时间，致使浆体需水量提高，拌合物表观密度降低，抗压抗折强度下降。

参照《建筑干混砂浆用纤维素醚》（JC/T 2190—2013），纤维素醚的种类、黏度、取代度、凝胶温度及掺量均会对干混砂浆性能产生较大影响（图 2-10、图 2-11）。在夏季高温条件下施工时，若使用机械喷涂抹灰砂浆，应选用凝胶温度较高的纤维素醚，普通的纤维素醚还不能很好地满足机械喷涂要求，需与其他材料进行复合使用。

图 2-10 掺纤维素醚砂浆

图 2-11 基准砂浆

2）生产工艺

干混砂浆生产工艺主要包括成品砂分级、物料储存、配料计量、混合搅拌、成品包装，生产工艺流程如图 2-12 所示。

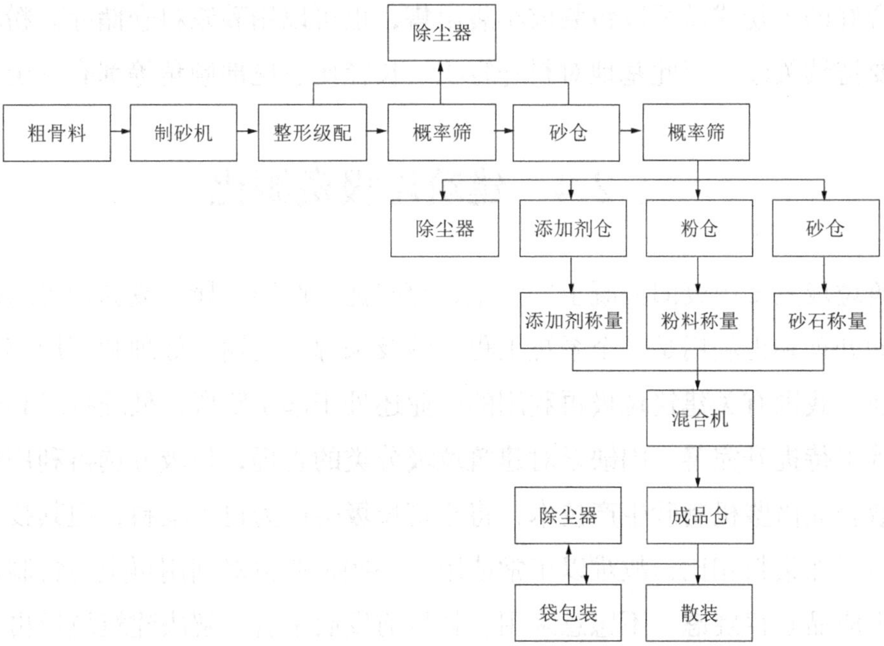

图 2-12 干混砂浆生产工艺流程

（1）成品砂分级

新购入的天然砂需要烘干、分级并储存在料仓中。如果采用成品机制砂，也需要进行分级和储存。在成品砂的分级中，筛分系统、储存系统非常关键，决定了可生产的砂浆品种、产能、成本，常见筛网的孔径有 0.6mm、1.2mm、2.4mm。

（2）物料储存

机制砂经过筛分后进入料仓储存系统。由于破碎后的机制砂含有一定量石粉，储存系统需要保证含有粉料的机制砂在储存过程中的均匀分布，这是准确配料计量的基础。

（3）配料计量

干混砂浆原材料中，一些常用外加剂如引气剂，掺量约为砂浆质量的1/10000。高精度、稳定的配料、计量系统成为砂浆性能的关键保障之一。

（4）混合搅拌

混合机的原理、功率、转速等是决定干粉均匀度的关键，而不是混合时间。性能优异的混合机可在90s左右的时间将水泥、石粉、机制砂，以及占总质量的3/10000的纤维素醚混合（均方差小于1%）。对于性能较差的混合机，即使延长时间也达不到较高的均匀度。

（5）成品包装

混合好的干粉成品可以包装成小袋出售，也可以用砂浆料仓储存。粉料的均匀性需要持续关注，因此基地对料仓容积、长径比、尾部倾角等都有一定要求。

2.4 建筑垃圾资源化

建筑垃圾主要由废旧混凝土、渣土、碎砖瓦、废旧金属、废沥青等组成。建筑垃圾的处理和再利用是一个系统工程，涉及来源、运输、处理和利用等各个层面。目前，我国有关建筑垃圾再利用的产业还处于起步阶段，处理技术和应用配套机制等亟待提升完善。因缺乏对建筑垃圾分类的管理，垃圾分选再利用成为难题，多数企业借鉴机制砂生产技术，将建筑垃圾生产为再生集料，但其技术性能又无法与天然集料相比，故难以正常使用。一些企业也对利用再生集料制成的混凝土等半成品心存疑虑，不愿意采用。就目前发展来看，解决建筑垃圾再利用的一个途径是，延长建筑垃圾再生利用产业链，将其做成预制构件，应用于装配式结构。另一个途径是，要求企业对自身产出的建筑垃圾进行处理，做到零排放。相比开采天然资源，再生材料环境负荷小，有利于建筑业可持续发展。由于建筑垃圾涵盖的范围非常广，下面主要以建筑废弃泥浆为例，介绍建筑垃圾资源化在浙江绍兴市某路基工程中的应用。

2.4.1 基本性状

根据相关报道，自2018年以来，浙江绍兴市正在建设的四条快速路，将产生600万t建筑废弃泥浆。这些泥浆原状废渣呈灰白色，无强度。经晾晒、烘干、碾碎，发现废渣绝大部分不溶于水，以粉状颗粒、砂居多，夹杂少量石子（图2-13）。

图2-13 清洗混凝土运输车的废渣

2.4.2 处理方式

当前，建筑废弃泥浆有三种处理方式，一是在施工现场使用泥浆离心分离脱水，脱水之后的泥浆颗粒不均匀，废液不能直接排放，环保性差；二是加入固化剂就地固化，适用于河塘填平等工程；三是集中采用泥浆脱水固化技术处理，这是目前最高效、环保的处置方式。

废弃建筑泥浆通过沉淀池分离大颗粒，加入固化剂等外加剂，机械搅拌至均匀，再用成套压滤设备深度脱水，尾水可直接排放。

2.4.3 复合土制备

（1）拌和

建筑废弃泥浆采用集中厂拌和的方式进行复合土的加工生产。核心设备包括泥浆干化泥饼破碎系统、粉料给料和拌合设备。石灰粉作为固化剂，掺加比例建议为生石灰粉 40%、熟石灰粉 60%。首先将生石灰粉、废弃泥浆土等原料拌和均匀，闷料 3～5d，使含水率降低，之后与熟石灰粉混合，形成复合废弃泥浆土，含水率在 18%～20%，此为制备关键。

（2）摊铺、碾压

将复合废弃泥浆土运至现场，使用路面摊铺机进行铺筑，并碾压密实。

2.4.4 性能检测

施工完成后的复合废弃泥浆土和普通石灰土路基进行压实度、弯沉检测对比试验，发现两者无明显差异。

2.4.5 工程应用

目前，绍兴市越城区鹿湖庄东西向道路和大善路（图 2-14）等项目设立了复合废弃泥浆土填筑试点，利用渣土约 30 万 m^3。

图 2-14　绍兴市越城区大善路路基填筑试点

2.5 公路用机制砂石料绿色生产

砂石是我国基础设施建设用量最大的原材料，年消耗量约 200 亿 t。由于天然砂石资源濒临枯竭，机制砂石成为建筑原材料的可持续发展方向。据统计，2021 年度上海市建设用砂合计使用量为 5275.2 万 t，同比 2020 年度上升 32.7%。其中，天然砂使用量同比下降 40.7%，机制砂使用量同比上升 1329.2%。机制砂已成为混凝土细集料的主流。

机制砂石生产包括开采、加工、储存等环节，生产工艺对机制砂石质量影响很大，应将绿色、智能化理念落实在每一个环节中，保护生态环境，促进产业提升。矿山开采应提高资源的开发效率，最大限度降低对生态环境的破坏，实现低排放、高利用、低开采，并实现无人生产、远程操控。矿山爆破前应有爆破方案和爆破参数，减少噪声、降低对周围扰动，并配备除尘抑尘设备。砂石集料生产采用高效、安全、节能、环保、智能的工艺和设备，减少废水、粉尘、噪声。为了提高成品质量，建议使用振动筛除土，采用粗碎、中碎、细碎整形的三级破碎工艺。干法制砂应采用除尘设备收集粉尘，湿法制砂应控制砂石含水率，并充分利用废水，如冲洗场地、洒水降尘，争取做到废水零排放；制砂过程中产生沉淀的泥浆通过固化处理可用于路基填筑；砂石料成品储存时，料仓应具备排水功能，宜采用防雨篷与半封闭设施；为了减少废物排放，矿区成品石料运输可选用封闭的皮带运输系统。机制石、机制砂干法制砂与湿法制砂生产工艺分别见图 2-15～图 2-17。

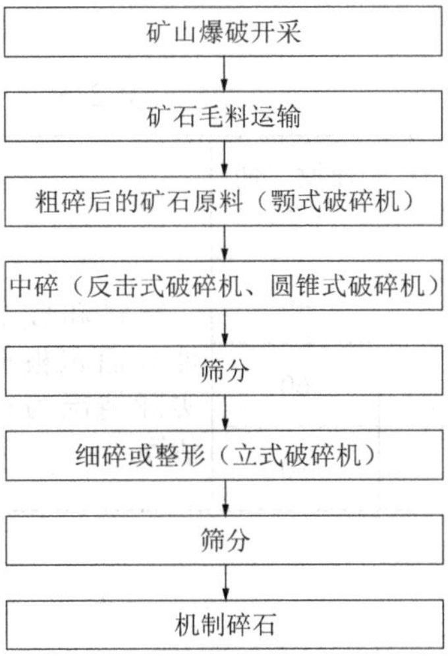

图 2-15　机制石制备

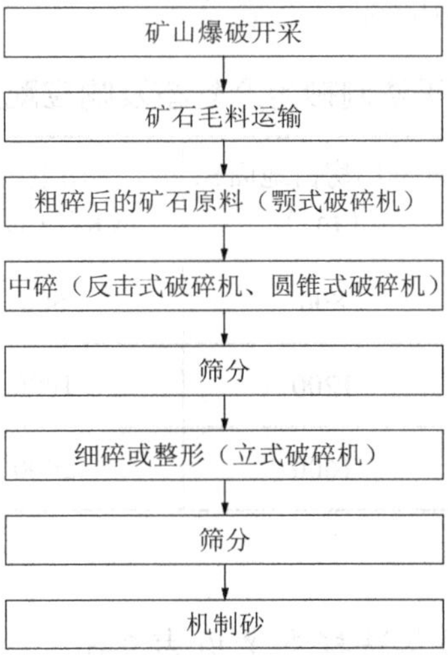

图 2-16　机制砂干法制砂

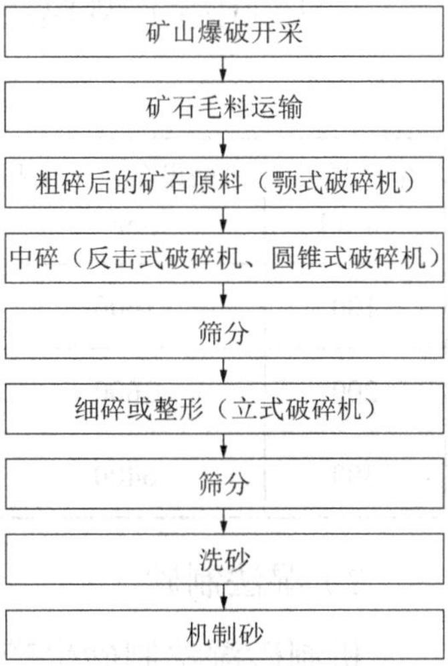

图 2-17　机制砂湿法制砂

2.5.1　机制砂绿色生产设备

1）干法制砂

砂石联产干法制砂常用生产设备技术参数见表 2-4。

砂石联产干法制砂常用生产设备技术参数　　表 2-4

生产环节	设备选择	设备与材料技术参数
给料	振动喂料机	单位进料量为设计产量的 130%，进料粒径<40mm
粗碎	颚式破碎机	进料粒径 350～1000mm，出料粒径 100～300mm
中碎	圆锥式破碎机	进料粒径 100～300mm，出料粒径 5～50mm
	反击式破碎机	—
细碎	圆锥式破碎机	进料粒径 10～50mm，出料粒径 16～50mm
	反击式破碎机	
制砂	立式冲击破碎机	进料粒径<40mm，出料粒径 0～5mm
筛分	圆振动筛	2 层及以上筛网，筛网直径≤5mm
除尘	布袋式除尘器	控制扬尘及机制砂石粉含量在合格范围
	喷淋系统	喷嘴能调整方向及喷水量大小，能达到保湿降尘的目的
运输	皮带运输机	皮带宽度为 500～1500mm，密封运输廊道

干法制砂生产规模及响应配置见表 2-5。

干法制砂生产规模及响应配置　　表 2-5

生产规模（t/h）	机械设备占地面积（m²）	配套用房占地面积（m²）	用电量（kW·h/h）	建设工期（d）	备　注
100	1600	800	500	40	原料和成品堆放面积根据实际情况另行估算
200	3600	1200	1000	60	
300	6400	1600	2000	80	

2）湿法制砂

机制砂湿法制砂生产设备选择参考见表 2-6。

机制砂湿法制砂生产设备选择参考　　表 2-6

生产环节	设备选择	技术要求
给料	板式喂料机、条式喂料机	—
	振动喂料机	条形筛长度不小于 2m，筛条间距不小于 120mm

续上表

生产环节	设备选择	技术要求
粗碎	颚式破碎机	进料粒径 350～1000mm，出料粒径 100～300mm
中碎	圆锥式破碎机、反击式破碎机	进料粒径 100～300mm，出料粒径 5～50mm
制砂及整形	冲击式破碎机、棒磨机	进料粒径 5～15mm，出料粒径 0～5mm
筛分	圆振动筛分机、直线振动筛分机	2层及以上筛网，筛网直径≤5mm，方孔筛网
	圆筒筛分机	2层及以上筛网，筛网直径≤5mm，圆孔筛网
洗砂	斗轮式洗砂机、螺旋式洗砂机	洗砂能力需根据生产能力确定
石粉沉淀	沉淀池	—
污水处理	泥渣脱水干排机、离心式泥浆分离设备	根据处理量及石粉作用确定
运输	皮带运输机	皮带宽度为 600～1500mm，密封运输廊道

2.5.2 智能化生产设备

（1）智能装备

在矿山开采和砂石集料生产中，目前有凿岩机器人、智能巡检机器人、智能潜孔钻机、智能牙轮钻机、智能装药车、智能挖掘机、智能铲运机、智能卡车、输送机巡检机器人等智能设备投入使用。

（2）智能矿山

企业建立数据采集和数字化地质资源管理平台，对采矿过程实时监控、动态调度。远程监控数据的获取可以采用高精度定位系统、采矿装备远程操控系统、采矿装备精细化管理系统、固定式作业装备远程控制系统；矿区生产过程管理可以采用精细化配矿系统、矿石质量检测系统、矿区卡车智能调度系统；此外，企业可以配置故障预警、矿山生产安全实时监控、环境监测、原料和堆场无人机等设备。

（3）智能工厂

智能工厂主要包括 DCS 控制系统（集散控制系统）及上位机监控系统、FCS 控制系统（现场总线控制系统）、智能电气控制系统等，以及砂石集料分析与监测、生产调度、能源管理、环保监控、安全防控等系统。

（4）智能赋能技术

智能赋能技术的运用主要是将数字孪生技术应用于矿山仿真建模、将 5G 技术应用于采矿车辆调度等场景。

2.6 桥梁钢结构加工

2.6.1 加工现状

我国是桥梁大国，钢结构市场化程度高，但大部分企业规模较小，鲜有市场占有率较高的龙头企业。2014 年，我国钢结构桥梁市场占有率不到 1%。伴随着装配式施工的发展，钢结构桥梁迎来了大力推广期，2021 年增加至 4%，但市场占比还远远小于美国、日本等国家。

国际上，钢结构制造普遍采用计算机辅助设计（Computer Aided Design，CAD）、计算机辅助制造（Computer Aided Manufacturing，CAM）及自动化无损检测技术、自动化设计制造安装一体化等技术，生产管理信息能够在生产车间和后方管理实时传递和处理。随着南京长江第三大桥、泰州长江大桥、港珠澳大桥、舟岱大桥等工程的建成，我国钢桥制造水平迈上了一个新台阶，板单元基本实现了机械化、自动化制造，钢箱梁组焊及拼装实现厂内制造，钢桁架吊装阶段的几何精度和质量控制技术日趋成熟，多座桥梁钢塔成功建造，焊接机器人成功投入应用。未来，随着信息技术、人工智能等技术的深入应用，钢桥智能化制造必将取代“苦脏累”的传统制造方式。

2.6.2 加工技术

桥梁钢结构加工包括板单元下料制作、场外梁段拼装焊接、现场吊装合拢。其中，加劲肋、横隔板和板单元等尺寸小、数量多的构件在厂内批量制造，在拼装场地的胎架上进行梁段组拼焊接涂装，成品箱梁段运到桥址进行现场吊装合拢。

1）施工准备

施工准备阶段需根据设计图完成施工图转化、工装设计、油漆工艺试验、工艺文件编制和质量计划编制等工作。施工图转化即细化设计，工装设计可保障制造精度、提高效率。钢箱梁的施工分为板单元制造、梁段制造、运输安装三个阶段。在施工准备阶段，施工图细化设计、板单元划分、工艺方案是成功加工的前提。

2）钢结构制造工艺

钢箱梁制造工艺包括细化设计、材料采购、材料预处理、计算放样、下料、组装、焊接、调制整形、拼装、焊接、损伤检查、二次除锈防腐等流程。

板单元制造的关键工艺包括钢板整平及预处理、下料、部件精加工、胎型组装、自动机器人焊接、涂装。值得一提的是，在建设港珠澳大桥时，已经实现了板单元制造自动化。

梁段制造分为胎架施工、梁段组装、梁段焊接、涂装。港珠澳大桥的节段箱梁组装基本工序为：底板定位焊接、组焊挑臂隔板单元、底板单元定位、组焊中腹板单元、组焊横隔横肋板单元、组焊顶板单元、组焊挑臂隔板单元。涂装基本工序为：结构处理、表面清理、二次喷砂处理、摩擦面喷涂施工、底漆喷涂施工、中间漆喷涂施工、面喷漆喷涂施工、大合拢后环缝涂装施工。港珠澳大桥的钢箱梁涂装均在厂房内作业，避免了天气对涂装质量的影响，水平达到国际先进水平。

在结构制造前，企业需设计运输安装方案，以指导加工制作方案，防止出现部件无法运输的问题。

3）质量控制

（1）原材料质量控制

生产基地严格控制钢材、涂料、焊材等材料质量，杜绝不合格或未检验材料进场。

（2）设备工装控制

生产基地采用自动化生产技术，提高加工精度和质量稳定性。

（3）工艺控制

生产基地建立标准化生产工艺，指导生产全过程，控制产品质量。

2.7 智能化生产

2.7.1 物联网

从二维码识别技术、RFID技术到红外线检测技术，越来越多的信息传感设备应用在建筑施工中，信息通过私有网络、互联网、云平台等网络传递和处理，并将特定信息传输至最终用户，实现物联网技术在交通建筑工业化的应用。物联网会把建筑施工环境中的人、机、料、图纸等一切信息互联，形成一个整体，提高管理效率。

（1）二维码识别技术

二维码（图 2-18）相当于构件的“身份证”，现场施工人员可随时随地用手机扫描二维码及时了解预制构件包含的施工单位名称、梁场名称、预制梁编号、采用图集号、制梁台座号、混凝土强度、钢筋验收合格日期、浇筑起止日期、预张拉日期、初张拉日期、移梁日期、终张拉日期、压浆日期、封锚日期、养护起止时间、现场监理工程师、张拉负责人、养护负责人等详细信息。

图 2-18　二维码识别

（2）RFID 技术

RFID 技术广泛应用于构件生产、人员跟踪、车辆运输、物料管理等场景，该技术将 RFID 标签（图 2-19）内置或者贴在预制构件、车辆、安全帽、物料上，能够进行定位跟踪、监控管理，从而实现大型施工现场精细化管理。RFID 标签可记录构件生产等基本信息，包括构件的工程名称、产品名称、型号、编号、生产日期、制作单位和合格标识等内容，对构件全寿命周期进行管理。

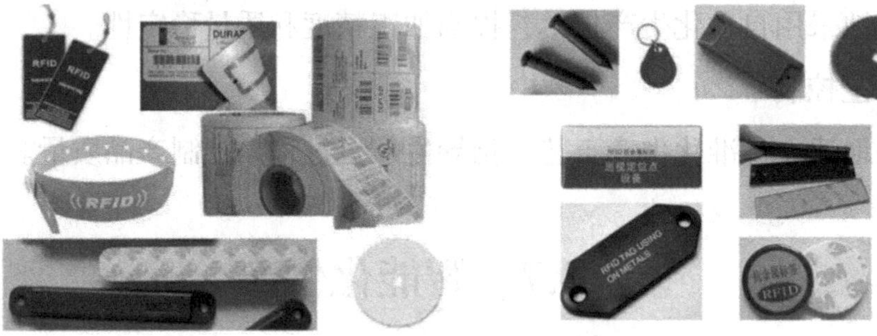

图 2-19　RFID 标签种类

企业以 BIM 技术为基础，引入物联网技术后，利用 RFID 技术可实现构件生产、安装和维护全过程的追溯。RFID 采集的信息通过互联网传输到信息中心进行处理，在生产阶段，企业可实时掌握构件的生产进度、物资需求及供应情况，实现生产调度计划组织；在运输、安装阶段，企业可基于 BIM 技术的预制件定位和查找功能，实时掌握构件存放位置，自动统计构件存储状态，对比构件进、出数量比率，得到预制进度与前场安装进度的比值关系，并设置报警值，对预制构件场的预制进度实时调整。

（3）红外线检测技术

红外线检测技术在建筑施工中应用广泛，例如在混凝土内部埋入电阻丝，利用红外线检测仪器可检查其内部缺陷。再如建筑物发生火灾后，可利用红外热量检测评估损伤程度，这是一种新型的无损检测方法。而红外线门禁系统可应用在工地考勤管理中，通过无接触感应，门禁系统在较远的距离内就可以读取人员信息与体温。

梁场视频监控系统通过在工地大门、材料堆场、作业设备等前端监控点安装球形或枪形红外线摄像头，将施工现场信息实时传输到视频监控平台，视频监控平台支持多画面实时录像、视频抓拍等功能，项目部可实时查看工地视频，了解现场情况，提前消除安全隐患，防止意外发生。同时，还能录像取证，发生事故时，可调取历史视频进行调查取证。

2.7.2 5G 技术

5G 是第五代移动通信技术，它以移动终端为接入设备，高效传输数据和信息。与前代技术相比，5G 传输速度非常快，峰值速率可达 10Gbit/s，而且响应时间也更快，低于 1ms。

4G 为第四代移动通信技术，包括 TDD-LTE（时分双工长期演进技术）和 FDD-LTE（频分双工长期演进技术）两种制式，峰值速率可达 100Mbit/s～1Gbit/s，是一种宽带接入和分布式的全 IP（网际互联协议）架构网络，能够支持各种移动宽带数据业务。5G 和 4G 相比，最大的不同在于其服务的对象从过去单纯的人与人之间的通信，增加了人与物、物与物之间的互联，实现万物互联。在有关 5G 概念白皮书中，5G 概念可由“标志性能力指标”和“一组关键技术”来定义。其中，标志性能力指标为“Gbit/s 用户体验速率”，一组关键技术包括大规模天线阵列、超密集组网、新型多基站、全频谱接入和新型网络架构。5G 技术改善信号接收质量，减小用户之间干扰，提高频率复用效率，实现全网络无缝覆盖，动态传输上下行数据，从而大大改善了用户体验，提高网络运营效率。

然而，各种各样的移动终端将产生爆炸式的数据信息，如何有效地将数据信息传输，是5G技术发展的驱动力。5G网络可满足未来业务中海量数据流量传输，远程控制、多信息源处理需求，不同移动终端的信息交互，将万物互联变成现实。

5G技术决定了无线终端设备信息接收的及时性和有效性，工业应用场景中，机器设备的需求非常复杂，5G技术小于0.5ms的延时将工业自动化变为可能，这在4G时代很难实现。在建筑工地和预制构件加工车间里，自动焊接机器人、水下机器人、智能检测仪器、无人机等智能终端设备产生的大量数据，需要及时传输至控制中心或者其他智能设备，这些原始信息和处理结果的传输将由5G技术提供保障。

浙江交通资源投资集团有限公司作为浙江省砂石行业领军企业和大型国企，采用区块链、物联网、大数据、人工智能等高新科技，推动绿色矿山建设。其中，亿吨级矿点舟山大皇山矿列入全国绿色矿山名录，是浙江省自然资源厅智能化绿色矿山首批试点，5G专网及应用建设项目是其中一项重要内容。

5G专网项目通过切片技术形成5G专网，依靠5G专网的高可靠性、隐私性、高带宽、多接入等优势，提升信息安全的保障能力，解决网络覆盖不足导致移动型应用无法使用问题。5G监控AR（增强现实技术）实景和AI（人工智能）分析系统以矿区原有监控视频为载体，可直观监控前端现场的各类风险隐患，提高企业对潜在风险的研判和预警能力，以及应对突发事件的快速处置能力。全方位视频监控系统可实现矿区全线生产活动现场监控全覆盖，可支持现场监控大屏、现场终端等多终端查看，并且不受地理区域限制。报警信息还可与安全生产系统、智能过程控制系统实现集成联动。同时，5G专网项目还可为正在研究开发的矿山运输卡车智能调度和无人驾驶提供安全可靠的网络支撑，提升矿山开采矿运效率和本质安全管理。5G专网项目应用如图2-20～图2-23所示。

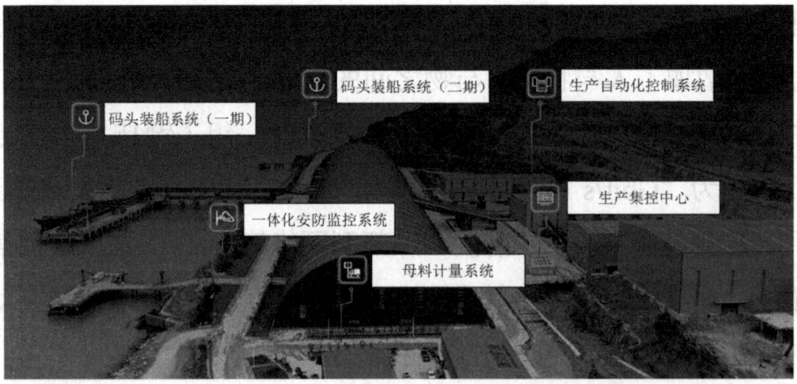

图2-20　浙江交投矿业有限公司5G智慧管控现场分布图

图 2-21　智能调度指挥中心

图 2-22　三维 VR 场景应用展示平台

图 2-23　矿石加工与质量控制

视频监控点位全部安装后，将部分摄像头升级为高位鹰眼，可实现安全帽检测、通道占用检测、明火烟雾监测、救生衣检测、人员防跌倒检测等多项功能。试运行期间，通过 5G 远程协助系统，业务管理人员足不出户即可了解现场实际情况，及时排查疑难问题，保障产线的正常运转。无关人员进入警戒区域时，系统警报灯亮起，安全管理员在 5G 定位基站系统的“指引”下，可迅速定位并发出信息，通过智能化头盔报警和提醒，指引无关人员安全迅速撤离。在矿区现场，安全管理人员每天巡查 2h，通过山顶鹰眼球机 270°的广角视野，可一览无遗地查看现场实际情况，只需 20min 完成对现场的安全检查，节省时间、车辆资源，提高效率。

2022 年 1 月 12 日，浙江交投矿业有限公司圆满通过智能化绿色矿山总体验收，这标志着公司“数字化、智控化、无人化、可视化”迈入新阶段，实现了智能化生产与管理。

2.7.3 BIM 技术

BIM 技术通过建筑信息化模型将工程项目实体和功能特性用三维模型进行数字表达，实现建筑全寿命周期的信息共享，并应用于设计、施工、运营的统筹管理，BIM 技术协同物联网、5G、大数据、云计算、人工智能等信息技术，带来建筑施工的巨大变革。20 世纪 70 年代，BIM 技术在美国兴起，在建筑领域得到了广泛应用。有关组织统计显示，BIM 技术的前三位应用场景是可视化、碰撞检查、建筑设计，其他阶段也得到了不同程度的应用，如建筑模型、建筑构件、施工排序、生产制造、设施管理等。美国国家 BIM 标准（2007 年）指出，建筑业无效工作以及资源浪费高达 57%，使用 BIM 技术可以消除 40%的预算外变更，通过及早发现和冲突解决可降低 10%合同价格。

BIM 技术还能对构件信息完成反馈和互动，并在全寿命周期下对建筑实体进行管理和决策。在数据集成的基础上，BIM 技术与数字监控、现代测量、三维激光具有高契合度，能够解决施工现场质量安全的动态监测与分析、复杂结构施工自动定位与精度分析。此外，物联网、智能传感器、AR 等技术也能够提高 BIM 运算精度。BIM 技术能够提供现实世界难以实现的模拟操作，如日照、节能、4D（3D + 进度/成本），助力项目决策，降低风险。建筑行业中，生产信息非常复杂，企业通过使用 BIM 技术可全面掌握数据，可迅速根据生产、施工、运营管理需求进行项目优化。

BIM 技术可帮助交通建筑工业化企业实现生产管理信息化，对信息汇总、展示、一键输出，提供生产决策依据，并协同其他智能设备、信息化技术实现智慧生产。通过总控制平台对现场施工工序、人机料管理等方面实现信息化管理，辅助企业实现工业化精细管理，提高生产信息的准确性以及加快信息的流转速度，提高梁场生产的信息化管理水平，提升生产效率。BIM 技术还对各类生产信息、数据、文档等进行集成化管理，例如可集中查看单根梁所有相关信息，并对数据进行自动汇总处理，用户可以通过移动端设备查看各类统计信息，快速实时掌握梁场生产现状。BIM 技术可一键生成各类台账、输出各类统计报表，减少手工统计方式造成的记录错误以及信息传递错误。此外，BIM 技术通过智能算法对现场施工计划、产品数量、生产时间等数据进行综合分析，实现智能排产及智能台座排布，协助生成最优梁场生产计划，减少二次移梁次数，以降低成本，并根据梁场施工实时的进展情况随时对计划进行更新调整，压缩工期减少延误风险。BIM 技术还能对接现场智能生产设备，对生产过程进行监测并对数据进行存储和分析，通过大屏幕进行多种形象化展示，协助管理者查看现场具体生产数据，提高管理者对现场的把控能力，辅助管理者快速决策，提升制梁质量。

1）BIM 技术应用案例——鱼山大桥

在鱼山大桥节段梁生产和施工过程中，使用 BIM 技术对桩基施工、节段预制线型、钢筋加工下料进行模拟，对现场设备摆放、物料运输过程等环节进行优化，保障了施工方案的顺利实施，施工精度也得到了有效控制（图 2-24～图 2-26、表 2-7）。

图 2-24 鱼山大桥桩基施工模拟

图 2-25 鱼山大桥节段梁预制施工模拟

图 2-26 鱼山大桥高精度节段梁 BIM 模型与成品

节段梁预制精度要求对比　　表 2-7

序号	精度控制	规范要求	鱼山大桥
1	钢筋加工（mm/m）	±10	±1.5
2	模板拼装（mm）	≤3	≤1
3	测量精度（mm）	0.5	0.3
4	保护层合格率（%）	90	100
5	节段预制（mm）	±5	±1

2）BIM 应用案例——杭绍甬高速

杭州至宁波国家高速公路（杭绍甬高速）杭州至绍兴段项目路线全长 52.81km，于杭州南阳街道红山村附近为始，接杭州中环，至上虞余姚界宁波段为终。项目按双向 6 车道高速公路标准建设，其中杭州段长约 23.48km，绍兴段长约 29.33km，设计速度为 120km/h，路基宽度为 34.5m，高架桥梁占比达 92%，是浙江省第一条全桥隧高速公路项目，同时也是全国第一条智慧高速公路。杭绍甬高速绍兴侧智慧梁场（图 2-27）位于绍兴市上虞区杭州湾工业园区，占地面积共 461 亩，厂外存梁区占地面积为 136 亩。该梁场主要负责杭绍甬高速曹娥江以东线路的梁板预制、钢梁制造安装及其下部结构混凝土供应。

图 2-27　杭绍甬高速绍兴侧智慧梁场全景

本项目利用广联达 BIM 场地布置软件导入二维施工总平面图，依据图纸及现场实际绘制三维场地模型，并利用 Revit 绘制预制构件厂三维模型，查看或导出临建工程各构件的工程量，通过导入临建模型，将临建模型定位到施工总平面图拟建位置，通过漫游操作进行施工现场三维漫游。从而更加形象、直观地了解场地布置情况，可在此基础上进行场地布局合理优化。

项目使用 Project 软件编制项目总控计划并导入 BIM 综合管理平台，将进度计划与模型实时挂接，系统通过项目初始设置的分区段信息，实现从周进度计划到项目工作人员周工作安排的自动生成，项目工作人员可通过移动终端接收每周工作安排，并在移动终端中记录工作内容的完成情况。移动终端采集到相关数据后，自动传递至云端，系统后台自动进行比对，记录项目人员工作完成情况，系统自动根据工作完成情况确认进度计划管理情况，并进行实时推送预警，项目领导可根据预警情况，实时调整进度计划，从而实现进度计划管理的 PDCA［质量管理的四个阶段，即 Plan（计划）、Do（执行）、Check（检查）和 Act（处理）］循环。现场人员可通过移动端上传当日施工内容及各班组人数，若当日工期滞后可填写滞后原因。其他人员可通过移动端了解现场情况，为上报资料进行相关数据的获取，也为进度管理和下一步进度安排提供数据依据。

（1）质量和安全管理：项目工作人员将技术交底、方案、图纸等资料上传至云端，可进行实时查看，实现质量追溯的闭环。项目将 BIM 云平台同现场质量安全检查相结合，实现线上发布质量安全检查问题，并定人、定时整改，涉及质量安全问题的人员上传整改信息，使质量安全检查信息全程记录，落实问题整改到位，缩短质量安全管理过程中的时间，提高工作效率。

（2）生产管理：BIM 云平台通过三维场布模型对梁场的场区设置、设备配置、生产工序进行综合展示，提取制梁、存梁和架梁信息，以单位工程桥梁为维度，直观展示每一个单位工程桥梁针对每一跨、每一榀梁的施工进展，进度图根据现场进度自动染色，不同颜色代表不同状态，各跨情况一目了然，提升效率，如图 2-28 所示。BIM 云平台可从多种维度筛选，迅速定位到需要查找的梁，随时了解现场制存梁数量统计，通过三维模型和列表双向联动，精确找到存放位置；动态追踪生产全过程工序信息。

图 2-28 梁信息汇总图

工作人员在操作系统中输入规则，系统批量生成梁的现场施工计划，并根据施工顺序和产能需求，自动生成生产总体计划与进度图，供工作人员多维度查询计划详情；系统还可以并对总体进度/月度进度进行追踪，与计划对比分析，及时调整后续计划。负责人通过移动端督促现场人员及时作业，避免遗漏或错过时间。每个车间都安装了一台电视，自动播放整体生产状况以及车间生产进度状况，如图 2-29 所示。

图 2-29　车间看板

此外，项目在建过程还开发了智能“存找梁系统”，存梁只需一键扫码，找梁可通过移动端系统引导，还可联动存梁区灯带控制信号，流光指引，精准找梁，如图 2-30 所示。

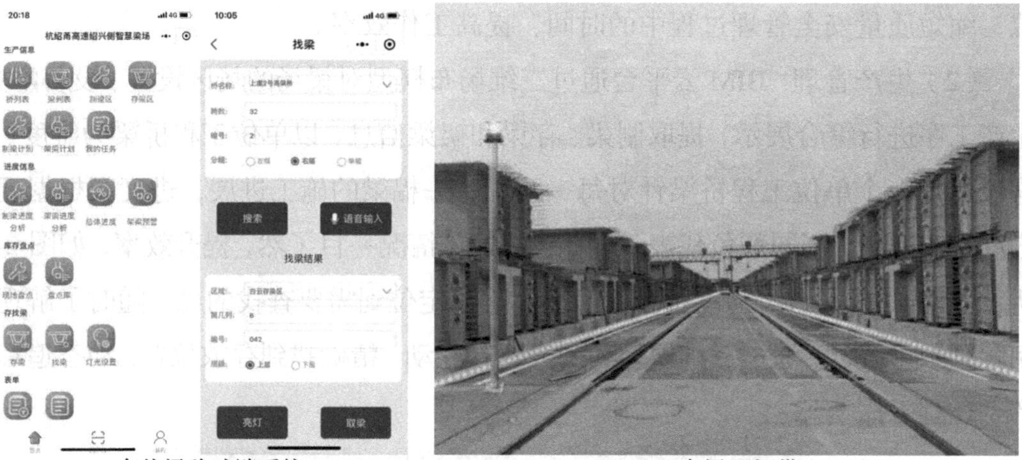

a) 存找梁移动端系统　　b) 存梁区灯带

图 2-30　可视化存找梁

第3章

交通建筑工业化企业选址

传统公路桥梁工程中临时预制构件场的建设必不可少。临时预制构件场是整个工程项目的一部分，其位置的确定会影响工程建设进度及成本，需要综合考虑各种因素进行合理规划。交通建筑工业化企业与传统临时预制场的建设根本需求都是为了满足工程项目需要，但企业服务的长期性必然带来不一样的建设需求。

从产业投资角度看，交通建筑工业化企业具有以下特点：占地面积较大，一般需要 200 亩以上，占地为工业用地性质；预制构件多使用公路运输，而砂石原材料等可通过水路运输，需要便利的交通条件；投资强度大，平均每亩投资 300 万元，容积率尽量高，以满足资金回笼要求；科技含量较高，以智能制造为发展方向；大部分产业内容污染较小，可实现零排放。交通建筑工业化企业的布局布点紧紧围绕地方交通行业发展统筹规划，在满足近期工程项目基础上，兼顾长远发展需求。一般来说，常规预制构件以及商品混凝土等产品的经济运输半径在 50km 以内，大型预制构件需要考虑沿线路基及桥梁承载力，经济运距相对短一些。地方已有的产业及资源也是产业布局的重要因素，在产业链上游，有矿山开发、尾矿治理、建筑垃圾资源化等产业内容；在产业链下游，有智能装备和智慧管理增加产品科技附加值，物流运输和结构健康维护拓展等内容，协同中部的预制生产和装配，衍生新的利润增长点。

结合国内外大量研究和实践结果发现，影响交通建筑工业化企业选址和建设的主要因素包括政策支持、地方发展规划、与居民区距离、基础配套设施、土地成本、生产成本、交通条件、周围供应商、项目分布、同行业竞争、水源条件、环境保护、地质条件。其中，最重要的因素是政策支持和地方发展规划，其他较为重要的因素分别为项目分布、土地成本、交通条件、水源条件、环境保护、地质条件。本章将论述交通建筑工业化企业如何选址和建设，以降低生产成本和实现利润最大化。

3.1 选址理论与方法

3.1.1 选址理论历史发展

一般认为，现代选址理论开始于 19 世纪德国学者杜能提出的农业区位论。之后，选址理论的核心要求从低成本、近市场、密集聚，转变为现代选址决策的多因素、多元化、复杂化。

20 世纪初，低成本是选址的核心要求。世界范围内，由于长期战争导致商品紧缺，消费者对产品要求很低，企业竞争小，成本直接决定利润。

20 世纪 30 年代，市场是盈利的关键。由于经济复苏，商品种类开始增多、交通网络恢复、劳动生产率提高、企业竞争增加，接近市场且交通便利的地方成为企业首选。如麦当劳选址时首选中心城市的繁华区。

20 世纪 70 年代前后，欧美、日韩等地出现了企业集聚现象，并逐渐成为国家的核心竞争力。在我国，上海现代服务业雏形初现，以虹桥开发区为核心向四周扩散。

进入 21 世纪，企业选址核心要求多样化。随着经济全球化加深，科技变革形成新的经济发展模式，政治环境、经济政策、成本、资源和市场等因素共同影响选址。信息技术的发展带来企业选择的大变革，基础设施较好、信息化水平较高的地方成为首选，再考虑土地、办公等成本，成本较低的城市郊区甚至农村也成为了选择对象。华为、中兴部分企业迁出深圳，大批央企、国企总部迁往郊区或者周边城市，都是企业发展的明智之举。

近年来，基础设施建设行业利润下降，传统发展模式难以为继，企业纷纷调整战略，发展工程总承包、建筑工业化，引入信息技术，调整服务模式以产生新的发展机会。循环发展、环境管制、绿色制造、政治生态等方面的问题也对传统建筑业提出了更加苛刻的要求，同时也带来了转型升级的契机。交通建筑工业化生产企业是从工程项目的临时预制场演变而来的专业化永久性生产企业，其选址受多种因素影响。

3.1.2 选址理论基础

选址是人类经济活动和地理环境之间的统一，目前已经有一些被认可的理论和方法，如农业区位论、工业区位论、改良工业区位论、市场区位论、行为学区位论等。

19 世纪初，德国经济学家杜能提出了著名的“杜能圈”，认为运输成本是农业选址的重要侧重点，奠定了选址理论基础。“杜能圈”以城市为中心，按照农作物的易运输程度，形成不同的农作物形态同心圆。例如，在距离城市近的区域，适合种植体积大或者容易腐烂的农作物。

1909 年，德国经济学家韦伯提出了工业区位论。该理论以成本最小为原则，假设原材料产地已知，在给定市场的位置和规模以及劳动力不会流动并充分供给的条件下，得到以运输费用最低、劳动力成本最低以及生产集聚的方法能够为企业带来成本降低和未来收益。此外，围绕一个地点，形成一个个运费相等的圆，即等运费线。工业企业选址受劳动力成本影响，当劳动力成本的节约大于产品运输费用时，企业会迁往廉价劳动力的地方。同类工厂集聚时，相互之间产生的影响可以节约成本。韦伯的工业区位论至今仍是工业布局的基础。

1933 年，德国城市地理学家克里斯塔勒提出中心地学说，创立以城市聚落为中心的市场区域分析理论。德国经济学家勒施将市场需求引入区位论中，建立了市场区和市场网络的模型，认为企业的最优选址是利润最大值点，并利用空间均衡思想进行区位分析。1929 年，霍特林提出空间竞争理论，认为在商品质量、价格等因素相同时，顾客会倾向于购买距离最近的商品。美国经济学家胡佛修正了韦伯的工业区位论中运费的计算方法，认为短途适合公路运输、中长途适合铁路或者水路运输。1940 年，德国经济学家廖什用最大利润取代韦伯的最低成本，指出生产规模的扩大会带来成本降低，但市场销售范围扩大会增加运费。

第二次世界大战后，世界经济急速发展，企业选址面临着社会、环境、城市规划、政治生态等方面的多重考虑，由此发展出现代选址理论。如区域间的关系理论、新经济地理理论、新竞争优势理论、可持续发展理论等。其中，美国人波特等提出新竞争优势理论，认为在特定产业的上下游产业链或者特定地理位置会出现集群，集聚效应将带来企业生产率和创新效益的提高、交易成本的降低，形成竞争优势。近年来，在以上海为中心的长三角地区，形成预制构件生产厂家的集聚，在技术水平、政策配套等方面处于国内交通建筑工业化产业的一流水平。2018 年以来，浙江省交通建筑行业新增了十几家预制构件生产企业，规模效应逐渐显现。

3.1.3 选址方法

1）选址技术

企业选址技术包括两部分：一是收集数据，二是处理数据。前期数据的收集和整理非常重要，企业根据任务和要求，运用科学方法，有计划、有组织地开展数据收集。收集到数据后，企业选址决策就建立在数据处理之上。

2）数据收集方法

（1）问卷调查法

调查者通过访问、观察和实验以及网络问卷调查获得第一手资料。由于企业场地建设涉及因素多，选址前必须开展实地调查。实地调查的优点是能够针对调查者的目的，直接性和可靠性突出，实用性强，简便易行。缺点是观察活动必须在市场现象发生的现场，受到时空限制，如果被调查者受到干扰，则不能获得真实状态，第一手的市场现象往往不具有重复性。此外，调查者能够获得的信息依赖于自身的专业知识水平。

（2）资料分析法

资料分析法是调查者通过查阅正规渠道、官方网站、文献资料，提取与项目有关的信息，经过分类、汇总、分析，得到调查结果的方法。在信息发达的今天，信息收集简便，调查者能随时随地根据需要对信息进行调查，其中，正规渠道和官方认证的信息较为准确和可靠，能够指导实际应用；而文献信息往往不能直观、全面反映现实情况，也缺少针对性的资料。资料获取同样也依赖于调查者的专业知识水平。

（3）地理信息系统技术

GIS（Geographic Information System，地理信息系统）是一种存储和处理地理及相关信息的技术和工具，其核心是应用空间分析功能，模拟地理分析方法，对空间数据进行分析，获得有用的信息。与传统数据收集方法相比，GIS 技术具有明显优势。选址者可以直观地看到企业商业布局、交通分布、经济数据等信息，GIS 系统能够根据个性化需求设置信息显示风格和格式，还可根据不同条件对数据进行分析和评估预测，并找出最优选址方案，提高决策效率和准确度，GIS 系统存储的数据信息量大，能有效减少决策风险，实践证明利用 GIS 技术进行选址比传统选址成本低。

（4）实验法

实验法是在特定场景下使用的数据收集方法。例如，当对多处矿山进行对比时，需要采集岩石样品，检测相关技术指标，确定石料是否符合生产需要。

3）选址决策方法

在获得基本的数据信息后，企业可进行选址决策。选址决策方法包括定性方法、定量方法与综合评价法，定性方法有专家打分法、德尔菲（Delphi）法；定量方法有重心法、规划法；综合评价法结合定性方法和定量方法，有主要目标法、加权法、理想点法、多目标规划法、层次分析法等。

（1）专家打分法

由于选址决策涉及当地产业政策、地势平坦程度、交通条件、地表干扰物、资金状况、资源储备等数据，这些数据非常重要但又无法简单地量化评价。为此，企业选址时可邀请专家对数据重要程度进行打分或者评价，依据专家经验获取最优方案。这种方法简单快捷，适合于指标不好量化的决策。

（2）德尔菲法

德尔菲法本质上是一种反馈匿名函询法。该方法首先由企业确定调查内容，交由多位专家回答调查问题，企业汇集专家意见情况后，再次交给专家了解所有反馈信息，专家第二次回答问题、阐明理由，最后由企业汇总、整理评价结果，如此获得统一的决策意见。

（3）重心法

企业选址决策最典型方法是以距离为导向的重心法，重心法只考虑运输费用对选址的影响，运输费用一般是运输需求量、运输时间和运输距离的函数，建立相应模型，通过计算获得最佳位置的坐标。重心法计算流程如下：

①开始，输入需求点坐标x_s、y_s。

②计算n个企业方案重心坐标x_i、y_i，$i=1,2,3,\cdots,n$。

③计算企业与需求点的距离：$d_{is}=\sqrt{(x_i-x_s)^2+(y_i-y_s)^2}$。

④计算总运输成本$Z=\sum_{i=1}^{n}w_i\sqrt{(x_i-x_s)^2+(y_i-y_s)^2}$，其中，$w_i$是需求点到企业的单位运输费用。

⑤当总费用Z最小时，根据$\frac{\partial Z}{\partial x_s}=0$计算，可得到：$x_i^{k+1}=\sum_{i=1}^{n}\frac{w_i x_i^k}{d_{is}}\Big/\sum_{i=1}^{n}\frac{w_i}{d_{is}}$；根据$\frac{\partial Z}{\partial y_s}=0$计算，可得到：$y_i^{k+1}=\sum_{i=1}^{n}\frac{w_i y_i^k}{d_{is}}\Big/\sum_{i=1}^{n}\frac{w_i}{d_{is}}$。

⑥采用迭代法计算最佳坐标以及总运输费用。

（4）综合评价法

综合评价法结合定性分析和定量分析进行评价。该方法首先根据建筑工业化企业发展影响因素，选取评价指标；然后用层次分析法确定指标权重；最后根据综合评价结果，作出最优的选址决策。

3.2 选址流程

3.2.1 指标体系选取原则

选址是企业发展的重大决策和行为，影响投资总额、建设过程、税收和市场运营。企业选址由发展战略决定，包括近期市场需求和远期市场规划。选择一个合理的位置，能满足企业长期发展需求，最终为企业带来竞争优势。选址受到众多因素的影响，为了建立有效的指标体系，一般应遵循全面性、系统性、可比性、定性和定量结合的原则。

①全面性：从各个方面反映出选址需要考虑的影响因素，一般来说，选址指标可分为外部因素和内部因素；根据企业运营分类，分为当下影响因素和长期影响因素。

②系统性：各个指标的选取应有一定的逻辑关系，避免贪多求全。

③可比性：指标能够使不同地块、不同时间具有可比性。

④定性和定量结合：由于企业影响因素很多是难以量化的，指标要以兼顾定性和定量的原则选取。定量指标要确定评价标准，定性指标要明确含义，通过专家打分来区分。

3.2.2 选址指标确定流程

为确保指标的选取满足以上原则，选址指标确定流程一般包括：确定选址影响因素、建筑工业化企业特点分析、选取指标体系、确定选址指标体系权重。

1）确定选址影响因素

影响选址企业的外部因素可分为三个层次，一是宏观环境，包括所在地区的政治环境、经济基础、法律体系、科技水平、社会文化、人口分布等；二是市场环境，包括目标市场、客户诉求、供应商、现有的竞争者、替代产品等；三是竞争环境，包括竞争对手分析、行业关键成功因素等。20 世纪 80 年代，波特提出一旦企业涉足一个行业，将面临五种能力挑战，包括潜在竞争者进入的能力、行业内竞争者的竞争能力、替代品的替代能力、购买者的议价能力、供应商的议价能力。影响选址企业的内部因素指企业能够调动的内部资源和组织流程，包括企业文化、人力资源、机械设备、管理模式和决策机制。

2）建筑工业化企业特点分析

（1）基础设施

公路、铁路、水路等运输条件将会持续影响企业运转，因此，码头附近常常成为优先选址地点。同时，如果缺少和主干道之间的交通，企业还应根据实际需要修建便道。

（2）自然环境

交通建筑工业化企业大多数产品在预制厂房内生产，减少了天气对预制构件等产品的影响，因此选址范围比传统预制场更为广泛。预制构件的生产、存放、场内转运需要平坦的场地，应当选择具有一定厚度的天然地基，以满足承载力要求，否则会增加建设费用。场地确定后，企业必须委托勘察单位进行地质勘查，查明具体地质情况，地质勘查由预制厂设计人员及勘察单位技术人员共同完成。在资源供应方面，砂石料、水泥、钢筋、粉煤灰等是企业的原材料，为便于就近加工，企业常常选择靠近矿山资源丰富的区域。附近有火力发电厂时可获得蒸汽，也可得到混凝土拌制所需的粉煤灰。电力也是必不可少的资源，混凝土搅拌站用电大约占到生产用电的80%。此外，要有足够的清洁水源供应。

（3）经济因素

交通建筑工业化企业以营利为目的，市场需求是企业设立的最主要因素。没有工程项目需求，就没有企业设立的必要性。企业应当关注当下和至少未来5年的市场情况，以及政府的交通基础设施规划。市场需求可以依托合作方自有项目，合作方的地方影响力越大，未来市场越有保障。

除了市场需求外，土地价格对工厂建设成本影响很大，不同的土地获取方式（如竞拍、租赁、转让），都会影响企业选址。此外，大型预制构件在吊装、运输、搬运过程中存在一定困难，由于道路运输限制性较大，企业需要制定运输方案，同时大型构件存在只能在特定时间进入市区的限制，也会影响到企业选址。而工人数量、质量以及工资水平也影响着企业选址，尤其是在商业模式变革的今天，越来越多的年轻人不愿意从事交通建筑行业。

近年来，各地设立了大大小小的建筑工业化生产企业，产业涵盖房建、市政、交通、水利等行业预制构件。当地同产业内容的已有企业，其产能配置、客户供需关系都会影响新企业的设立。通过科学合理规划，在区域有一定的同类型企业，互相之间形成良性竞争，产品存在一定依存关系，产生产业集聚效应，能够加速推动科技创新，形成规模经济。目前，以北京、上海、深圳等为代表的特大城市圈，企业通过开展科研开发、标准编制、技术培训等活动，已经具备了一定行业优势。尤其是一线城市的高校和科研机构，极大地推动了企业的技术创新。

（4）政策支持

政策支持包括制定交通发展规划、建筑工业化和装配式结构的标准规范。交通建筑工业化产业兴起不过数年，迫切需要地方出台扶持政策，助推行业健康可持续发展。

综上所述，通过分析交通建筑工业化产业特点，初步建立了企业的选址指标体系，包含政策支持、经济因素、基础设施、自然环境 4 个一级指标、13 个二级指标，具体指标见表 3-1。

企业选址基本指标体系　　表 3-1

一 级 指 标	二 级 指 标
政策支持	政府、行业规划
	地方扶持政策
经济因素	土地成本
	运营成本
	市场需求
	原材料供应
	现有竞争者数量
	上下游企业集聚
基础设施	高质量的人力资源
	交通条件、运输成本
	公共配套设施
自然环境	气候与水文地质条件
	工程地质条件

3）选取指标体系

根据产业生产特性，将网络查阅到的选址标准进行总结，统计指标出现频次。指标的选择要能够体现备选方案的差异之处，以便于科学、精准选择。不同的建筑工业化企业，有不同的特色指标，例如沿海工程项目大多需要拥有便利的水陆交通，备选方案主要考虑地方扶持政策、土地成本、地形、地质条件等条件。以浙江省某主要面向市政工程的建筑工业化企业选址为例，各指标出现的频次总结见表3-2。

浙江省某市政工程企业选址指标统计 表3-2

主要影响因素	指标内容	频次
政策支持	政府、行业规划	6
	地方扶持政策	4
	地方规划	6
经济因素	土地成本	12
	运营成本	12
	公共配套	5
	融资成本	2
	长远发展成本	10
	市场需求	12
	原材料供应	5
	现有竞争者数量	4
	上下游企业集聚	4
基础设施	高质量的人力资源	5
	交通条件	8
	运输成本	8
	周围配套	5
自然环境	工程地质条件	8
	气候条件	1
	水文地质条件	9
	地形条件	8

4）确定选址指标体系权重

（1）理论依据

美国学者萨蒂提出的层次分析法（Analytic Hierarchy Process，AHP）是一种被广泛采用的确定指标权重方法，用来衡量评价指标在整个指标体系中的相对重要性。该方法有机融合了德尔菲法和客观赋权法，结合定性分析和定量分析，将复杂系统简化为有序的递阶层次结构，并两两比较，把决策问题转化为确定方案优先顺序问题，用于分析多目标决策问题。

层次分析法主要流程如下：

①建立层次结构模型：指标体系的层次可根据需要分为目标层、一级指标层、二级指标层等，如图 3-1 所示。

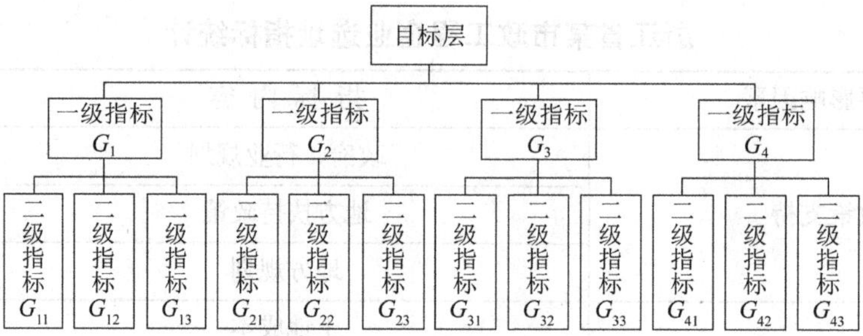

图 3-1　层次结构模型

②构造判别矩阵：根据层次结构，逐层自下而上地构造判别矩阵，指标通过两两比较，表示相对于上一层的重要性。假设某一层中的指标为$G_1, G_2, \cdots, G_n$，L为准则层，记标度$A_{ij} = G_i/G_j$，表示指标G_i和G_j相对L层的重要性。当所有的指标两两对比后，可得到判别矩阵。A_{ij}的取值采用 1～9 及其倒数的标度，具体含义见表 3-3。

判别矩阵的标度定义　　表 3-3

标　度	定　义
1	G_i与G_j同等重要
3	G_i比G_j稍微重要
5	G_i比G_j较为重要
7	G_i比G_j非常重要
9	G_i比G_j绝对重要
2，4，6，8	以上比较的中间状态
倒数	含义相反

③层次单排序及一致性检验：对于整个层次结构，自下而上地计算对于上一层某指标，本层相关指标的权重及一致性检验。此处采用特征值检验法，具体的检验步骤为：

计算一致性指标CI：

$$\mathrm{CI} = \frac{\lambda^* - n}{n - 1} \tag{3-1}$$

式中：λ^*——判别矩阵的最大特征值；

n——某一层的指标个数。

当判别矩阵具有一致性时，$\mathrm{CI} = 0$；而当判别矩阵不具有一致性时，$\lambda^* - n$越大，CI越大，则一致性越差。

此外还要考虑判别矩阵的平均随机一致性指标RI。通过多次随机地构造n阶判别矩阵，计算矩阵最大特征根，然后计算特征值平均值λ，则可计算出 RI：

$$\mathrm{RI}=\frac{\lambda-n}{n-1} \tag{3-2}$$

除了计算外，还可根据阶数，查表获得平均随机一致性指标RI，具体指标取值见表 3-4。

平均随机一致性指标 RI 表 3-4

阶数	1	2	3	4	5	7	8	9	10	11	12
RI	0	0	0.58	0.90	1.12	1.32	1.41	1.45	1.49	1.52	1.54

计算一致性比率 CR：

$$\mathrm{CR}=\frac{\mathrm{CI}}{\mathrm{RI}} \tag{3-3}$$

当$\mathrm{CR}<0.1$时，表示通过一致性检验。

④层次总排序及一致性检验：对于层次结构，自上而下地求解对于目标层、各指标的权重及一致性检验。层次总排序需要从上到下逐层排序进行，最终计算得到最低层次指标，即要决策方案优先次序的相对权重。

一般来说，对于最高层之下的第二层，单排序即为总排序。假设上一层已完成所有指标$G_1,G_2,\cdots,G_k$的层次单排序，得到权重为$g_1,g_2,\cdots,g_k$，与G_i（$1\leqslant i\leqslant k$）对应的本层次指标为$G_{i1},G_{i2},\cdots,G_{in}$，单排序结果为$G_i=(g_{i1},g_{i2},\cdots,g_{in})$。其中，$g_i$与$g_{ij}$无关，$G_{ij}$层$n$个指标相对总体目标组合排序权重向量即为$\sum_{i=1}^{k}g_ig_{i1},\cdots,\sum_{i=1}^{k}g_ig_{in}$，且有$\sum_{j=1}^{n}\sum_{i=1}^{k}g_ig_{ij}=\sum_{i=1}^{k}g_i\sum_{j=1}^{n}g_{ij}=1$，即层次总排序是一正规化向量。

为评价层次总排序计算结果的一致性，需要计算与层次单排序类似的检验量，记：

$$\mathrm{CI}=\sum_{i=1}^{k}g_i\mathrm{CI}_i \tag{3-4}$$

$$\mathrm{RI}=\sum_{i=1}^{k}g_i\mathrm{RI}_i \tag{3-5}$$

$$\mathrm{CR}=\frac{\mathrm{CI}}{\mathrm{RI}} \tag{3-6}$$

式中：CI_i——G_i对应的下一层G_{ij}层次中判别矩阵的一致性指标；

RI_i——G_i对应的G_{ij}层次中判别矩阵的随机一致性指标。

当CR < 0.1时，则认为层次总排序计算结果的一致性可以接受。

⑤确定综合权重：对于多个专家层次分析法综合权重的确定，一般有两种方式，一种是将每位专家的打分取众数、中位数或者几何平均数的方式构造比较判别矩阵，进行层次分析得到最终权重；另一种是将每位专家的打分用层次分析法单独计算权重，再取几何平均数获得最终权重，最终权重具可靠性。本节采取第二种方式计算选址指标体系的最终权重。

⑥计算综合评价指数，得出选址决策。

（2）实例分析

下面以两位专家为例说明计算过程，分析计算各指标相对于目标层的权重大小。某企业选址决策的一级指标有自然环境（G_1）、政策支持（G_2）、经济因素（G_3）、基础设施（G_4）四个指标。专家A、B分别根据一定的标度（表）对指标之间的相互重要性打分，形成权重判别矩阵，并检验判别矩阵一致性，得到指标相对权重见表3-5、表3-6。

专家A给出的判别矩阵及评价结果　　表3-5

指标	G_1	G_2	G_3	G_4	$\omega^{(1)}$
G_1	1	1/5	1/9	1	0.062
G_2	5	1	1/5	2	0.221
G_3	9	5	1	9	0.647
G_4	1	1/2	1/9	1	0.070
$\lambda_{max} = 4.121$，CI = 0.040，CR = 0.045 < 0.1，通过一致性检验					

专家B给出的判别矩阵及评价结果　　表3-6

指标	G_1	G_2	G_3	G_4	$\omega^{(1)}$
G_1	1	1/3	1/9	1/3	0.059
G_2	3	1	1/2	2	0.217
G_3	9	2	1	5	0.567
G_4	3	1/2	1/5	1	0.157
$\lambda_{max} = 4.060$，CI = 0.020，CR = 0.022 < 0.1，通过一致性检验					

得到两位专家关于一级指标的几何平均归一化综合权重，分别为：$\omega_1^{(1)} =$

0.061，$\omega_2^{(1)} = 0.221$，$\omega_3^{(1)} = 0.612$，$\omega_4^{(1)} = 0.106$。

则专家A、B的综合特征矩阵见表3-7。

专家A、B的综合特征矩阵 表3-7

指标	G_1	G_2	G_3	G_4
G_1	1.000	0.278	0.100	0.579
G_2	3.602	1.000	0.361	2.084
G_3	9.965	2.767	1.000	5.766
G_4	1.728	0.480	0.173	1.000

经过计算，专家A、B给出的判别矩阵与综合矩阵满足相容性要求。经过专家A、B打分得到的4个一级指标G_1、G_2、G_3、G_4的综合权重向量为$\omega^{(1)} = (0.061,0.221,0.612,0.106)^T$。使用同样方法计算多个专家打分的一级指标、二级指标综合权重。

以问卷的形式邀请从事交通工程建设行业的30名专家进行打分，回收24份问卷，其中无效问卷6份，问卷有效率80%，得到选址评价指标权重见表3-8。

企业选址指标权重 表3-8

一级指标	一级权重	二级指标	二级权重	综合权重
自然环境G_1	0.072	气候与水文地质条件G_{11}	0.4	0.029
		工程地质条件G_{12}	0.6	0.043
政策支持G_2	0.255	政府、行业规划G_{21}	0.5	0.128
		地方扶持政策G_{22}	0.5	0.128
经济因素G_3	0.531	土地成本G_{31}	0.221	0.117
		运营成本G_{32}	0.112	0.059
		市场需求G_{33}	0.432	0.229
		原材料供应G_{34}	0.056	0.030
		现有竞争者数量G_{35}	0.058	0.031
		上下游企业集聚G_{36}	0.121	0.064
基础设施G_4	0.142	高质量的人力资源G_{41}	0.307	0.044
		交通条件、运输成本G_{42}	0.511	0.073
		公共配套G_{43}	0.182	0.026

3.2.3 基于模糊综合评价方法的选址方案筛选

1）模糊综合评价方法

迄今为止建立的企业选址指标绝大部分得到的是定性指标，可使用美国学者扎德提出的模糊隶属度函数方法，对评价体系进行无量纲化处理。建立评价等级$V=\{V_1,V_2,V_3,V_4,V_5\}$，其中，$V_1=0$，表示评价很差；$V_2=0.25$，表示评价差；$V_3=0.5$，表示评价中等；$V_4=0.75$，表示评价好；$V_5=1$，表示评价很好。当有多名专家参与时，使用模糊综合评价方法，将各位专家的打分结果加以综合，得到某个指标的总和取值。具体评价方法如下：

①构建模糊等级集合。

②对方案中的指标进行量化评价。

③根据量化评价取值，确定方案中的指标对模糊子集的隶属度。根据各位专家对指标的评价等级，统计评价等级隶属次数m，计算$r_j=m/e$，e为评价专家总数，$j=1,2,\cdots,e$。最后得到模糊关系矩阵为：$R_j=\{r_{j1},r_{j2},r_{j3},r_{j4},r_{j5}\}$。

④使用加权平均求得多个专家对方案的指标的综合评价值。

⑤计算综合评价指数，得出选址决策。

⑥将候选方案的指标综合评价值通过一级、二级指标组合权重进行集结，得到候选方案的综合评价指数。

2）案例分析

本节以某建筑工业化企业为例，说明采用模糊综合评价方法进行选址方案筛选。绍兴某集团公司准备投资新建建筑工业化企业，产业内容包括桥梁预制构件生产、商品混凝土生产、砂石原材料加工配送。通过考察项目需求和周围配套设施、相关政策，初步选定三个地方作为备选方案。

地块一：位于绍兴市东北部上虞经济开发区，地处杭州湾南岸，上海、杭州、宁波三大城市圈中心位置，紧邻嘉绍跨江大桥，交通区位优势明显。总规划面积42km^2，东至曹娥江，南至G104国道，西至常台高速，北至杭甬高速。园区内有码头、变电所、热电、消防、排水、自来水等一系列配套设施。

地块二：位于绍兴滨海工业园的北部，毗邻钱塘江与曹娥江入海口。基础设施配套与地块一相似。距杭州46km、宁波120km、上海220km；距中国轻纺城柯桥15km、萧山国际机场20km。总规划控制面积100km^2，所处区域定位为开放型、科技型、生态型现代工业新城。基础设施配套面积 63km²，建成区面积 45km²。区内建有 9 座变电所，由中国最大的供电系统——华东电网供电，电源充足稳定；建有日供水能力达 16 万 t 的滨海工业水厂，给水、配水管线达 130km，实施生活用水和工业用水分质分管供水；建有全国规模最大的日处理能力 110 万 t 的污水处理厂和总长 300 余 km 的配套雨污管线；建有 3 家热电厂，供汽能力达 2410t/h。天然气、邮电通信、有线电视、宽带网等配套也一应俱全。

地块三：位于绍兴市西北部柯桥滨海工业区，规划面积 113km²，距杭州 35km、宁波 110km、上海 200km，距杭州萧山国际机场 20km。园区各类市政公用基础设施按照"八通一平"的标准进行配套完善，能够完全满足各类项目的投资需要。

该集团公司向行业专家发放问卷 10 份，收回 10 份，问卷为有效率 100%。最终得到专家打分的标准化数据。根据综合评价结果见表 3-9，三个地块的选择顺序为地块二、地块一、地块三。选择原因为地块二位于绍兴滨海工业区，毗邻曹娥江和钱塘江入海口，地方政府对建筑工业化企业非常欢迎，并提出系列优惠政策，能够对企业近五年和长期市场需求予以强力支持。

指标权重与三个候选地的标准化数据 表 3-9

一级指标	二级指标	合成权重	地块一	地块二	地块三
自然环境G_1	气候与水文条件G_{11}	0.029	0.475	0.550	0.525
	工程地质条件G_{12}	0.043	0.513	0.688	0.663
政策支持G_2	政府、行业规划G_{21}	0.128	0.600	0.638	0.587
	地方扶持政策G_{22}	0.128	0.791	1.000	0.240
经济因素G_3	土地成本G_{31}	0.116	1.000	0.333	0.300
	运营成本G_{32}	0.059	0.945	0.856	0.857
	市场需求G_{33}	0.229	0.500	1.000	0.950
	原材料供应G_{34}	0.030	0.792	0.613	0.250
	现有竞争者数量G_{35}	0.031	0.475	0.550	0.525
	上下游企业集聚G_{36}	0.064	0.455	1.000	0.366
基础设施G_4	高质量的人力资源G_{41}	0.044	0.663	0.708	0.250
	交通条件、运输成本G_{42}	0.073	0.550	1.000	0.500
	公共配套G_{43}	0.026	0.738	0.688	0.366
总体评价			0.656	0.757	0.556

第4章

交通建筑工业化企业场地规划与建设

4.1 基本条件

4.1.1 布置依据

建筑工业化企业确定选址后，应根据工程项目现场的建筑红线、现场水电管网及勘察单位出具的现场勘察报告、企业战略发展规划、设计产能、近期项目需求和进度要求（包括产能需求、施工总体部署和施工方案）、建筑工程场地原有的建筑物及拟建的建筑物位置和尺寸、建设单位所能提供的其他房屋和临时设施、安全文明施工、环境保护和消防要求等文件资料，进行内部场地规划设计。

4.1.2 基本原则

（1）先进性：以“标准化设计、工厂化生产、装配化施工，信息化管理”为导向，企业采用全产业链经营模式，打造现代交通建筑工业化绿色示范区。通过信息化管理平台，采用现代工业化制造方式，实现预制构件、钢筋加工、绿色建材等产品规模化生产。

（2）实用性：场地规划与项目产品方案相适应，发挥其资源优势，降低原材料和能耗，提高产品质量。

（3）可靠性：场地采用先进和成熟的技术，在保证产品质量和成本合理的前提下，对生产设备进行全球采购。

（4）经济合理：工艺技术方案要体现投资小、成本低、利润高的效果。

（5）适应市场变化：企业应根据市场要求，灵活生产多种产品，不断扩大可生产产品的规格、型号和种类。

（6）保证安全和环保：技术方案的选择要为生产工人提供安全的工作环境和无污染或尽量减少污染的工艺。

4.2 场地规划依据

场地规划应根据企业产业规划确定主要功能区，包括预制构件生产区、混凝土拌合站、砂石料加工生产区、干混砂浆生产区、钢结构加工区等，以及办公区、生活区。企业前期通过市场调查，初步估计产能，配置生产线，并根据近期服务项目的生产进度，设计生产线。

4.2.1 预制构件生产区布置需求

企业核心产业是预制构件生产，对于预制梁而言，预制梁的制作和存放对整个梁厂的布置起着决定性的作用。

1）制梁台座数量确定

根据梁板计划生产数量、工期和单个台座完成一片梁板需要的天数，计算出相应的制梁台座数：

$$Z_s = \alpha_1(L \div T \times t) \tag{4-1}$$

式中：Z_s——制梁台座数量，取整；

α_1——工期富裕系数，一般取 1.1～1.25；

L——梁板总数量（榀）；

T——制梁总工期（d）；

t——单个台座制梁周期（d/榀）。

2）存梁台座数量确定

存梁台座数量的确定需综合考虑制梁速度和架梁速度，且需考虑两种工况，一种为制梁速度大于架梁速度；另一种为架梁速度大于制梁速度。

（1）工况一，制梁速度大于架梁速度：

$$C_s = \alpha_2\left[L_z \times T + \left(L_z - L_j\right) \times T_s\right] \tag{4-2}$$

（2）工况二，架梁速度大于制梁速度：

$$C_s = \alpha_2(L_z \times T) \tag{4-3}$$

以上式中：C_s——存台座数量，取整；

α_2——富裕系数，一般取 1.1～1.2；

L_z——制梁速度（榀/d）；

L_j——架梁速度（榀/d）；

T——存梁周期（d）；

T_s——剩余制梁工期（d）。

3）存梁台座长度确定

（1）存梁台座长度计算需考虑养护棚长度、门式起重机支腿宽度和安全距离等因素。具体计算方式如下：

$$L = L_{养} + l_1 + l_2 + 2\beta \tag{4-4}$$

式中：L——门式起重机轨道跨径（m），即生产线宽度；

$L_{养}$——养护棚长度（m）；

l_1——门式起重机刚性支腿中心线至台座侧外缘宽度（m）；

l_2——门式起重机柔性支腿中心线至台座侧外缘宽度（m）；

β——养护棚与门式起重机安全距离（m）。

（2）其中，养护棚长度需考虑内模长度、固定端模长度、待浇梁与匹配梁和等强梁段最长组合长度、匹配梁与待浇梁间距、养护棚与匹配梁安全距离、养护棚侧墙厚度等因素，计算公式如下：

$$L_{养} = l_{内} + l_{固} + l_{待} + j_1 + l_{匹} + j_2 + l_{等} + j_3 + h \tag{4-5}$$

式中：$l_{内}$——内模长度（m）；

$l_{固}$——固定端模长度（m）；

$l_{待}$——待浇梁长度（m）；

j_1——匹配梁与待浇梁间距（m）；

$l_{匹}$——匹配梁长度（m）；

j_2——匹配梁与等强梁段间距（m）；

$l_{等}$——等强梁段长度（m）；

j_3——养护棚与匹配梁安全距离（m）；

h——养护棚侧墙厚度（m）。

4.2.2 基于模糊层次分析的企业场地规划

1）确定场地规划指标

模糊层次分析法同样可以运用在企业场地规划中，综合运用定性分析和定量分析以减小综合成本。

根据现有文献资料和建设经验，交通建筑工业化企业场地的安全环保、生产高效、交通便利、生活舒适是四项主要的一级评判指标（表4-1）。

场地内部规划指标 表4-1

一级指标	二级指标
安全环保	生产安全性
	资源利用程度
	废弃物回收利用情况

续上表

一 级 指 标	二 级 指 标
生产高效	生产空间布局
	设备智能化与机械化生产程度
	土地利用率
	生产效率
	生产成本
交通便利	交通便捷程度
	大型预制构件运输便捷程度
生活舒适	生活基础设施
	园区绿化
	娱乐设施

①安全环保：根据生产安全性、资源利用程度、废弃物回收利用情况等指标进行评价，尽量满足在生产过程能保证工作人员的安全、高效利用资源、不排放或少排放废弃物的要求。

②生产高效：根据生产空间布局、设备智能化与机械化生产程度、土地利用率、生产效率、生产成本等指标进行评价，包括合理设置流水作业回路，避免回流；采用智能设备，最大化发挥机械化、自动化生产设备的作用；充分利用台座和模具，提高生产效率；以最少的场地布置发挥最大的生产能力；生产制造成本较低，便于开展工业化、标准化生产。

③交通便利：根据交通便捷程度、大型预制构件运输便捷程度等指标进行评价，包括方便运输车辆进出，桥梁立柱、盖梁、桥面板等转运方便。

④生活舒适：根据生活基础设施、园区绿化、娱乐设施等指标进行评价，能够为工作人员提供一个相对舒适、积极健康的生活区域。

2）确定评价结果

评价的基本原理和过程与交通建筑工业化企业选址方法相同，通过采用专家打分的方式获得指标的综合权重，再对目前的场地规划方案进行综合评判，得出最终评价结果。

4.2.3 场地规划案例

舟山市岱山县鱼山大桥连接鱼山岛和岱山岛，是舟山国际绿色石化基地对外连接的唯一陆上交通干道。鱼山大桥全长 7.8km，主跨跨径 260m。其中通航孔桥为混合梁连续刚构桥，桥跨布置为（70＋140＋180＋260＋180＋140＋70）m，非通航孔桥靠近主通航孔桥两侧深水区采用70m跨径，其余区段采用50m跨径。桥梁上部结构主要为节段预制拼装，全桥共有节段梁2370榀。节段箱梁采用短线匹配法进行全工厂化流水生产线预制。

1）节段梁情况

（1）通航孔节段梁

通航孔桥为混合梁连续刚构桥，6个T构共计238个节段。主跨跨径260m，如图4-1所示。该桥除0号、1号节段梁和横隔梁采用现浇外，其余均为节段预制拼装。

图4-1　通航孔桥桥跨布置示意图（尺寸单位：m）

通航孔节段梁为单箱单室直腹板截面形式，底宽7.6m、顶宽15.6m，设2%双向横坡。箱梁为变截面连续箱梁，梁高及底板厚度按1.6次抛物线变化。如图4-2所示。

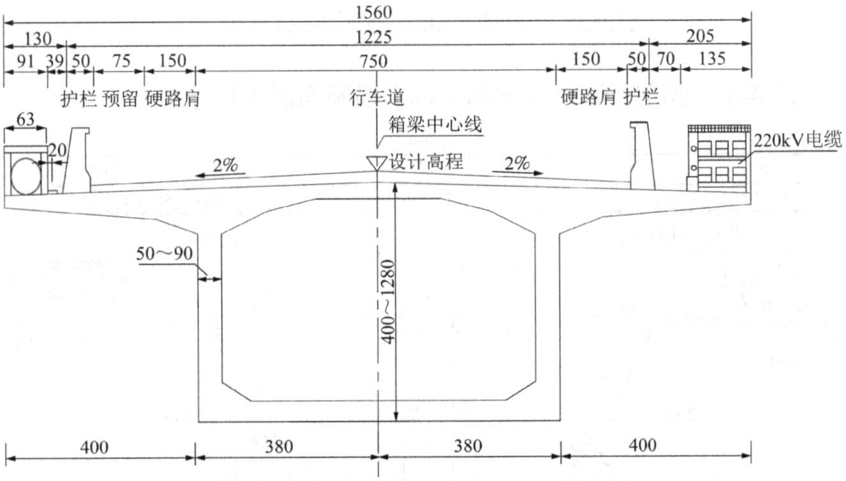

图4-2　通航孔主梁标准横断面图（尺寸单位：cm）

通航孔节段梁最高节段的高度为12.14m，最长节段的长度为4.5m，最重节段的质量为271.3t（图4-3）。

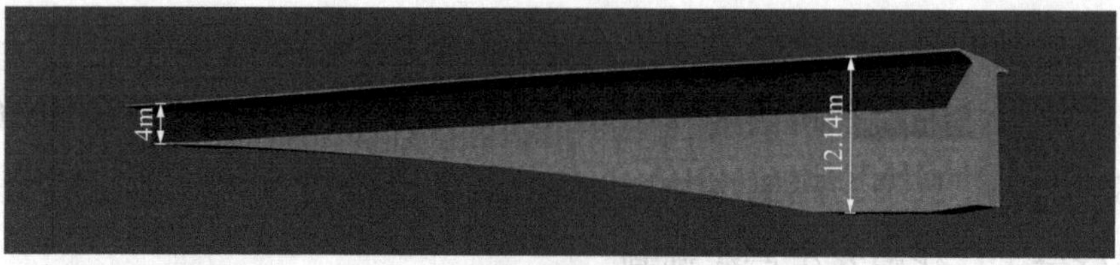

图 4-3　通航孔梁高示意图

（2）非通航孔节段梁

非通航孔节段梁主要包含 70m 跨径节段梁和 50m 跨径节段梁，共有 50m 跨径节段梁 783 榀、70m 跨径节段梁 1349 榀。50m 跨径中边跨单跨主梁分为 15 个和 16 个节段（简支跨分为 17 个节段），墩顶预制段长度为 1.4m，如图 4-4 所示。70m 跨径节段梁单跨主梁分为 21 个节段，标准单节段最大长度为 3.5m，墩顶预制段长度为 3.6m，梁高为 4m，如图 4-5 所示。箱梁均采用等高度单箱单室斜腹板断面的形式。

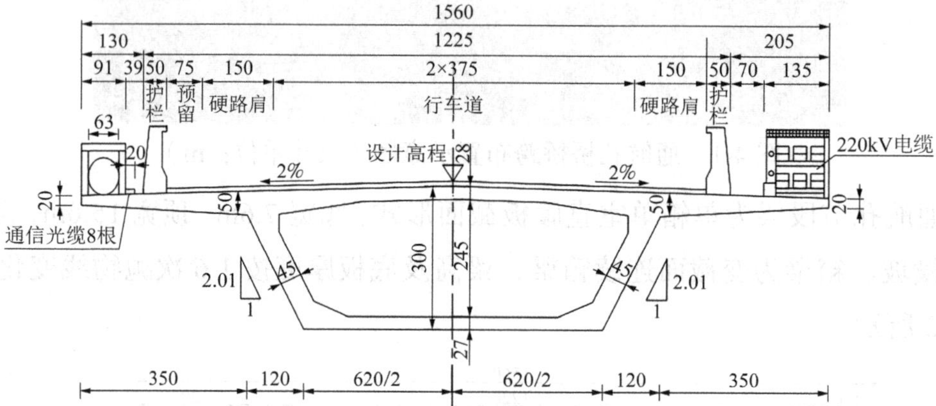

图 4-4　非通航孔桥 50m 箱梁标准横断面图（尺寸单位：cm）

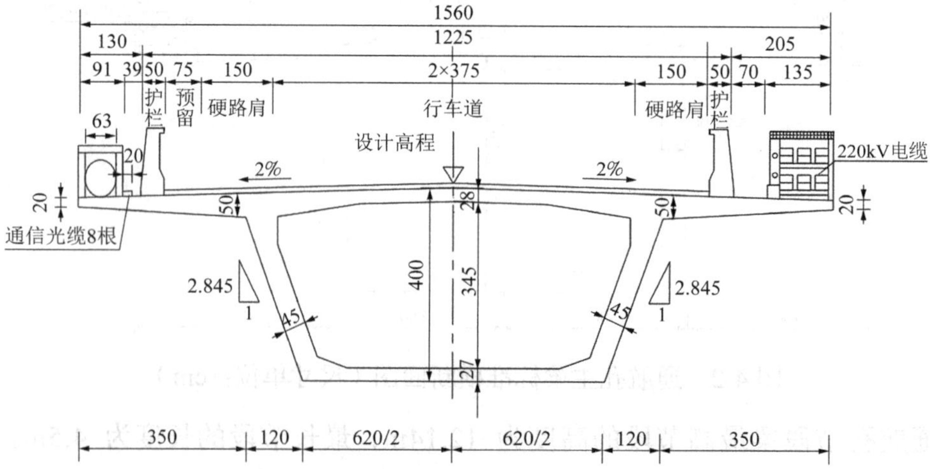

图 4-5　非通航孔桥 70m 箱梁标准横断面图（尺寸单位：cm）

2）内部场地规划

鱼山大桥节段梁预制厂位于浙江省舟山市定海工业园区北港路 51 号，预制厂根据功能区域划分设有梁厂驻地、工人生活区、制梁区、存梁区、拌合区、钢筋加工厂等，总占地约 257 亩，如图 4-6、图 4-7 所示。节段箱梁采用短线匹配法进行工厂化流水生产线预制，共设有 4 条生产线、26 个台座（表 4-2）。其中，1 条用于通航孔桥节段预制，1 条用于 50m 跨径箱梁节段预制，另外 2 条用于 70m 跨径箱梁预制。厂内有修整台座 28 个，存梁台座 735 个，120～300t 大型门式起重机 4 台，15～30t 小型门式起重机 7 台。

图 4-6　鱼山大桥预制厂鸟瞰图

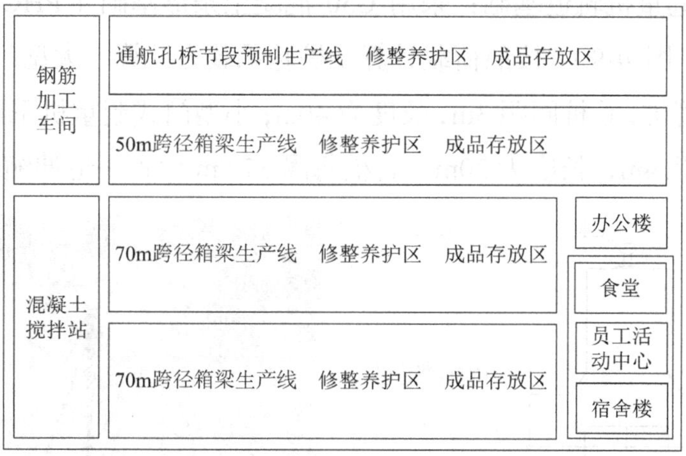

图 4-7　鱼山大桥预制场内部规划示意图

节段梁梁型数量及台座划分表　　表 4-2

梁段类型		数量（榀）	台座数量（个）
50m 跨径箱梁	边墩墩顶 A 类	30	1
	中墩墩顶 J 类	33	
	标准节段	720	7

续上表

梁段类型		数量（榀）	台座数量（个）
70m跨径箱梁	边墩墩顶H类	28	1
	中墩墩顶A类	48	1
	标准节段	1273	11
通航孔节段箱梁		238	5
合计		2370	26

4.3 场地分区建设

预制梁场根据功能区域划分，设有钢筋加工厂、钢筋胎架区、制梁台座区、修整养护区、存梁区、混凝土拌合站及办公室、宿舍和生活区等。

4.3.1 地基处理

鱼山大桥预制厂处于沿海滩涂围垦区域，地基薄弱，海塘区域采用宕渣回填，回填厚度为 1.5～1.8m。各区域及各结构物地基处理则根据规范施工要求及荷载情况进行相应处理，主要分为以下几种情况：

（1）门式起重机轨道基础：采用 C30 混凝土条形基础 + PHC 管桩进行加固处理（图 4-8、图 4-9）。按照荷载计算及桩基承载力计算，大型门式起重机采用 ϕ600mmPHC 管桩，管桩间距 3m，长度为 40m；小型门式起重机采用 ϕ500mmPHC 管桩，管桩间距 4m，长度为 20m。管桩每隔 37.5m 设置一道伸缩缝。

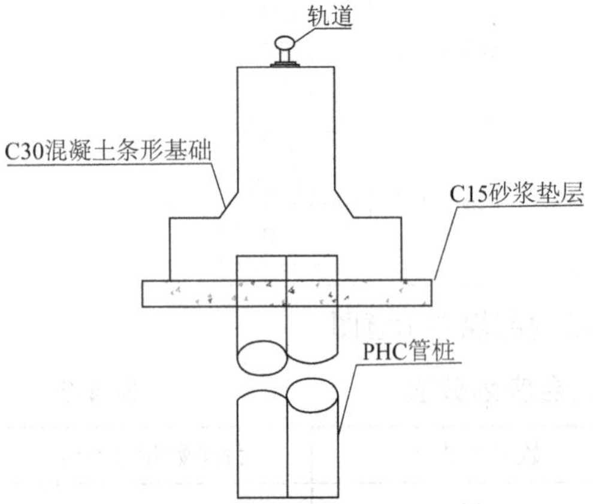

图 4-8　轨道基础结构

图 4-9　PHC 管桩打设

（2）预制台座基础：由于短线匹配法制梁区对地基沉降极为敏感（节段预制

期间地基累计沉降≤10mm，单榀梁预制期间地基变形≤2mm），预制台座采用条形框架基础＋PHC管桩进行加固处理。预制台座基础模型如图4-10所示。

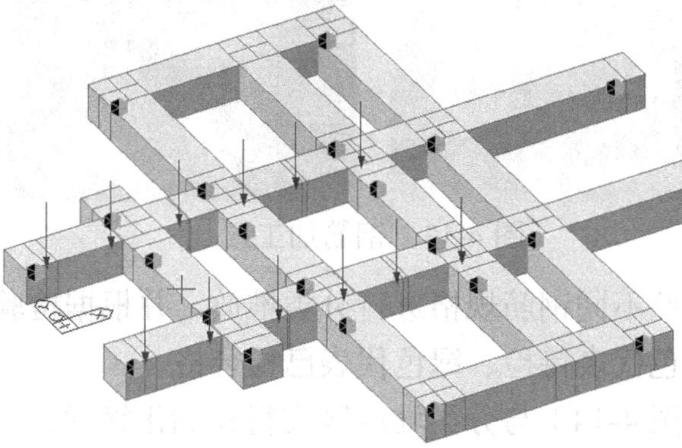

图4-10 预制台座基础模型

（3）拌合站基础：料仓部分采用原地面压实＋10cm 碎石＋20cm 混凝土面层，搅拌机和料罐基础采用PHC管桩接扩大基础。由于靠近海堤，基坑开挖采用钢板桩围堰施工（图4-11、图4-12）。

图4-11 钢板桩围堰打设

图4-12 料罐基础施工

4.3.2 钢筋加工厂建设

厂房采用钢桁架结构，柱脚基础参照拌合站基础计算，采用20m长ϕ100～500mmA型PHC预应力管桩。厂房地面采用C25混凝土进行全部硬化，钢筋加工厂（图4-13）内设置2台10t桁车吊装钢筋，满足钢筋加工吊装要求。

钢筋加工厂按功能划分为原材料堆放区、半成品加工区、半成品分类堆放区，各区域间设置绿色通道。厂内实行6S管理，6S包括整理（Seiri）、整顿（Seiton）、清扫（Seiso）、清洁（Seiketsu）、素养（Shitsuke）、安全（Safety）六个方面。工厂墙上设置有钢筋加工厂总体平面布置图、钢筋大样图、安全质量文化宣传牌，地面设置有绿色安全通道、设备隔离防护网、红外线安全防护装置等。

图 4-13　钢筋加工厂

原材料堆放区按照不同钢筋规格进行分类堆放，并根据检验状态进行不同颜色的喷涂，譬如用黄色代表待检、绿色代表已检合格。

半成品加工区（图 4-14）与分类堆放区实行仓储化管理，不同规格尺寸的钢筋放置于不同的货架，并设置货架信息牌及二维码信息牌。按照配送制度，工人拿取不同种类的钢筋进行钢筋骨架绑扎。

图 4-14　半成品加工区

4.3.3　钢筋胎架设计、制作

钢筋采用专用胎架（图 4-15、图 4-16）绑扎成整体骨架，用小型门式起重机整体吊放入模。钢筋胎架上设置钢筋卡槽及活动限位装置，对钢筋数量和间距进行定位，并能根据不同节段类型进行调整。

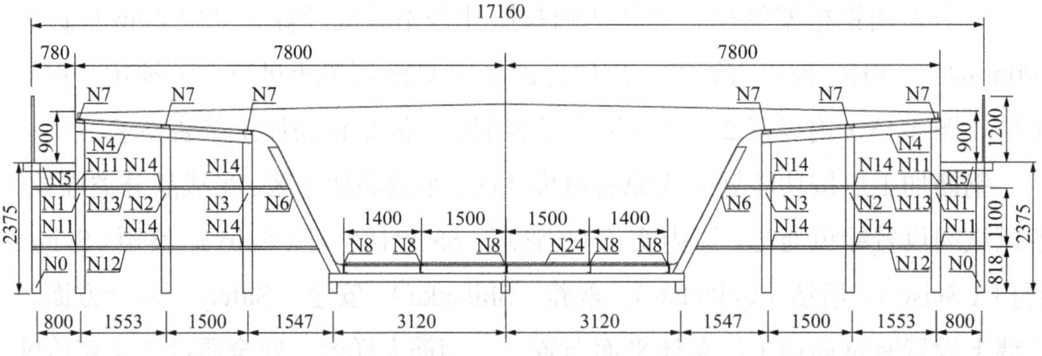

图 4-15　钢筋胎架立面示意图（尺寸单位：mm）

钢筋胎架根据骨架重量采用相应型号的型材，并对顶板与底板平面尺寸、对角线及相互间的高差进行认真详细地计算和复核，以确保尺寸的准确性与精确性（注意扣除钢筋净保护层厚度）。钢筋台座顶采用可移动防雨棚覆盖，确保雨天钢筋绑扎施工正常进行。

图 4-16 钢筋胎架

钢筋胎架的设计需根据单跨内节段的分节长度确定，最好都能做到通用，这样相对可调节的适应性更大。卡槽需注意单双排钢筋的工况，可以采用钢筋活动限位卡槽解决（图 4-17），并注意卡槽宽度的设置，宜比钢筋直径大 2～3mm。内腔顶板胎具设置时，需考虑因腹板厚度不同导致顶板宽度变化的因素，也可设置活动可调节装置解决（图 4-18）。变截面箱梁需考虑底板调节装置的设置和通用性（图 4-19），但要注意钢筋胎架顶棚的防风措施（图 4-20）设置，可采用倒扣装置和钢丝绳锚固。

图 4-17 钢筋活动限位卡槽

图 4-18 顶板胎具可调节装置

图 4-19 可调节底板胎具

图 4-20 胎架顶棚的防风措施

4.3.4 台座预制

台座预制是预制工艺的关键部位，制梁台座采用框架条形基础与 PHC 管桩进行地基处理，其顶面高程设计为全厂区最高，可防止台座积水，主要施工工艺流程如图 4-21 所示，台座梁肋施工、面层施工分别如图 4-22 与图 4-23 所示。

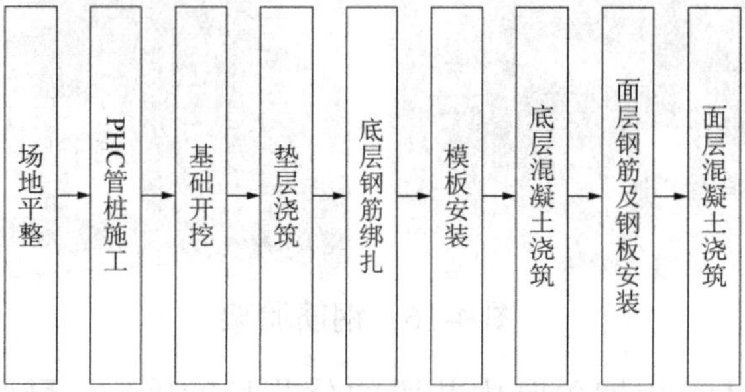

图 4-21　台座主要施工工艺流程图

图 4-22　台座梁肋施工

图 4-23　台座面层施工

台座预埋钢板顶面需控制与台座顶面齐平，不得凹陷，否则需要垫钢板调平，避免影响模板的连接性能，如图 4-24 所示。预埋钢板需锚固牢靠，锚筋满焊，且需计算锚固长度，并与台座钢筋连成整体，如图 4-25 所示。台座顶面需控制合适，使得每条生产线从中间向两侧排水沟设置 0.5%的横坡。每条生产线两侧均设有排水沟，便于养护用水的排出。

图 4-24　预埋钢板顶面控制

图 4-25　预埋钢板处理

4.3.5 养护棚搭设

养护棚的设计和搭设均由专业钢结构厂家完成。养护棚为钢结构活动板房，顶部使用两幅可滑动式屋盖，屋盖由电机驱动，施工时可打开，方便节段梁钢筋骨架安装、节段梁吊运及混凝土浇筑，养护时顶棚封闭，如图4-26、图4-27所示。

图4-26 正在搭设的养护棚

图4-27 搭设完成的养护棚

养护棚能够改善工人作业环境，并提供全天候作业条件，提高施工效率和施工质量，还能为节段梁的蒸汽养护提供密闭环境。搭设时需注意预留养护棚与门式起重机的安全距离，建议在场地和门式起重机跨径允许的情况下适当增加该安全距离（图4-28）。养护棚设计时需考虑好顶棚的行走方式及抗风设计（图4-29），养护棚之间的间距建议在台座规划时考虑能进入搅拌车，以减少吊斗吊装路径时间、提高大型门式起重机的利用率，如图4-30、图4-31所示。

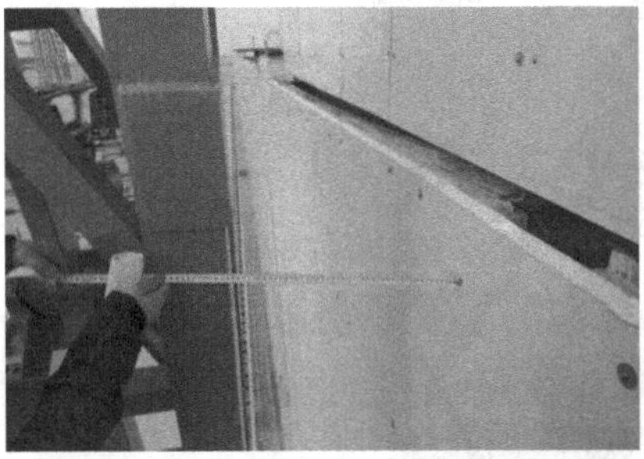

图4-28 养护棚与门式起重机

图4-29 缆风绳

图4-30 养护棚间距

图4-31 浇筑路线

养护棚设计时还需注意预留前后测量塔观测视线范围，做好开窗处理，满足固定端模 3 个点以及匹配梁最外侧 3 个点的视角，如图 4-32 所示。同时，还应注意养护棚的密闭性处理，设计时大门侧需把固定端模和内模包进去。

图 4-32　测量窗

养护棚顶棚设计分块时，需考虑钢筋骨架入模、节段梁出梁的路线和宽度要求，根据不同节段长度进行模拟，且两侧至少预留各 35cm 的安全距离，如图 4-33 所示。

图 4-33　顶棚分块区域

4.3.6 修整区

修整区主要分为两类，第一类为模板修整区，主要用于模板的修整清理和存放；第二类为节段梁修整养护区，节段梁从预制台座转运至修整台座后，对匹配面、预留预埋管件进行清理，修复混凝土缺陷并进行养护。

模板修整区的面积需考虑充足，以免模板到处乱放；模板三点支撑设置时，需考虑通用性，特别是需要考虑墩顶块和合拢段等短小节段；同时注意通航孔梁底变截面的适用性和稳定性；注意喷头的选择和布置，需做到全方位养护。

4.3.7 存梁区

节段梁存梁台座采用扩大基础、两层堆放（图 4-34、图 4-35）。主要施工程序为：场地平整→场地放线→基槽开挖换填→垫层施工→条形基础施工→存梁垫石施工。

图 4-34 非通航孔存梁台座

图 4-35 通航孔存梁台座

梁底采用橡胶板保护，通航孔桥箱梁由于梁底存在坡度，需设置符合梁底线形的存梁支垫及防滑移限位措施，根据梁底坡度和梁段长短的变化，设置活动的“7”字形混凝土支垫，与梁段接触位置还需设置橡胶支垫。非通航孔存梁与通航孔存梁分别如图 4-36、图 4-37 所示。

扩大基础设置时需考虑梁板的宽度（顶宽、底宽），存梁间距一般为：横桥向 80～100cm，纵向 50cm。存梁台座设置时需考虑与轨道以及门式起重机的关系，因为部分门式起重机（图 4-38）吊钩基本不能行至很靠近轨道的位置。

图 4-36 非通航孔存梁

图 4-37 通航孔存梁

图 4-38 存梁区门式起重机

4.3.8 测量塔

测量塔是对节段梁预制线形控制的主要设施（图 4-39、图 4-40），必须满足“精度高，变形小、无明显沉降”的条件要求。测量塔每两个一组，包括一个观测塔与一个目标塔。测量塔采用钢管进行打设，以确保测量塔的沉降和偏位稳定性。

图 4-39 非通航孔测量塔

图 4-40 通航孔测量塔

测量塔基础处理时宜打设钢管桩，由 DZ90 型振动锤施沉至打不动为止。钢管桩宜直通到顶，并注意接桩质量，不宜在中间出现其他形式的过渡，譬如可选择 PHC 管桩 + 承台 + 钢管桩的形式。施工应注意测量塔的偏位控制，对于非通航孔较矮的测量塔，采用单根钢管桩即可满足沉降和偏位要求；对于通航孔测量塔，需打设辅助桩形成三角结构。施沉过程中，采用经纬仪控制钢管桩的垂直度。为减小塔身在风力作用、车辆动载影响下的颤动，桩周地面以下 2m 浇筑 C30 混凝土固结块，并与外围进行软隔离。塔身钢管桩外露高度一般按全站仪水平视线比箱梁顶面高 60～80cm 控制，并结合养护棚天窗高度确定。测量塔宜布置在起重机外侧，防止与起重机发生碰撞。

图 4-41、图 4-42 分别为测量塔的沉降观测和监测。

图 4-41 测量塔沉降观测

图 4-42 测量塔沉降监测

第5章

交通建筑工业化企业市场拓展

市场拓展指交通建筑工业化企业在地方落地所采用的模式。产业落实由政策发起、政府推动、企业运作，最终在地方注册公司并运营。各地自然资源、基础设施、政府人员认知、企业定位等因素，都不同程度地影响交通建筑工业化产业的发展。

5.1 市场拓展策略

针对交通建筑工业化企业的现状和面临问题，结合已开展的实践，本章对影响产业市场拓展的必要性、可行性进行分析。

5.1.1 市场拓展的必要性

1）市场需求

市场需求是影响交通建筑工业化企业投资决策的主要因素。在交通建筑行业中，混凝土预制构件（PC 构件）的需求主要来自于政府投资项目，包括公路、市政等工程。与房建装配式建筑不同，交通装配式预制构件体积较大，质量为几十吨至几百吨，一般需要特种运输，且经济运输半径比小型预制构件更有限。根据不同运输条件，交通装配式预制构件的经济运输半径一般在陆路运输达到 50～100km，水路运输达到 300～500km。所以，一定区域范围内对交通装配式构件的需求是影响企业投资决策的主要因素，生产企业应着重了解当地近 5 年发展规划（表 5-1、表 5-2）。

部分省（区、市）"十四五"期间交通建筑工业化产业潜在市场 表 5-1

序号	属地	政策文件	交通建筑工业化产业市场需求
1	浙江省	浙江省综合交通运输发展"十四五"规划	浙江省将完成 2 万亿元综合交通投资，其中铁路 4000 亿元、城市轨道交通 4600 亿元、公路 8800 亿元、水运 1020 亿元、民用机场 750 亿元、站场枢纽 570 亿元、管道 400 亿元
2	江苏省	江苏省"十四五"综合交通运输体系发展规划	到 2025 年，率先建成交通运输现代化示范区。铁路里程达到 5200km，高速铁路里程约 3000km，覆盖所有设区市和 90%左右县（市），城市群城际铁路和市域（郊）铁路运营和在建里程力争达到 1000km，城市轨道交通里程达 1000km；机场保障能力力争达 1.2 亿人、250 万 t；高速公路约 5500km，建成"四好农村路"全国示范省
3	上海市	上海市综合交通发展"十四五"规划	轨道交通市区线和市域（郊）铁路运营总里程达 960km；道路网方面，全市高快速路里程超过 1100km

续上表

序号	属地	政策文件	交通建筑工业化产业市场需求
4	四川省	四川省“十四五”综合交通运输发展规划	预计全省铁路营业里程将从5312km增至7000km，其中高速铁路营业里程从1261km增至1800km；公路网总里程从39.4万km增至43万km，其中高速公路总里程从8140km增至11000km；内河高等级航道里程从1648km增至2050km；民用运输机场从15个增至19个
5	山东省	山东省“十四五”综合交通运输发展规划	到2025年，全省铁路总里程达到9700km，高速（城际）铁路营运及在建里程达到4400km，城市轨道交通营运及在建里程达到700km，高速公路通车及在建里程达到10000km，普通国省道实施新改建约2500km，农村路新建改造提升约4万km，内河三级及以上高等级航道里程达到500km，沿海港口万吨级以上泊位达到360个，运输机场达到12个，通用机场达到30个
6	辽宁省	辽宁省“十四五”综合交通运输发展规划	以普速铁路、普通国省道、油气管道为主体，构建运行高效、服务优质的综合交通干线网。推进普速铁路扩能、电气化改造，加快国家高铁通道客货分线运输，推进铁路公路平交道口改造，建设改造干线铁路410km。推进干线公路提质改造，打造一批长寿命路面，实施普通国省干线瓶颈路段升级及绕城路改造1500km，基本消除国道二级以下低标准路段。优化油气管网和沿海LNG（液化天然气）接收站布局，建设油气管道600km，重点实施原油、成品油老旧管道增输改造项目和一批天然气干支管网项目建设，实现全省主要炼油厂、终端市场的高效连通和地级市管输天然气全覆盖实施农村公路建设改造工程2万km，实现具备条件的自然村互通硬化路。打造一批农村公路精品路、示范路。实施旅游、产业公路建设改造1000km，补齐重要经济节点互联互通短板
7	安徽省	安徽省交通运输“十四五”发展规划	基本建成“五纵十横”高速公路网，实现县城通高速，高速公路通车总里程达到6800km，高速公路密度达到4.85km/百km^2。干线公路网结构进一步优化，基本实现省会到设区市、设区市到所辖县一级公路联通，一级公路总里程达到8000km，普通国道二级及以上占比达到93%，普通省道二级及以上占比达到60%。农村公路通达深度和服务水平显著提升，基本实现20户以上自然村通硬化路、乡镇通三级及以上公路。 基本形成“一纵两横五干二十线”干线航道网主骨架，实现江河连通、通江达海，高等级航道里程达到2300km。“两枢纽、一中心”的港口布局加速形成，港口设计通过能力达到6.0亿t以上、集装箱码头设计通过能力达到200万标箱以上。“一枢十支”运输机场体系加快构建，全省运输机场达到8个，A类通用机场达到30个，航空服务保障能力进一步增强
8	河南省	河南省“十四五”现代综合交通运输体系和枢纽经济发展规划	“十四五”末高速（含城际）铁路营运里程突破2600km，新增营运里程1000km以上。实施高速公路“13445”工程，着力提升高速公路主通道能力、打通省际出口通道、完善中心城市辐射网络，扩容改造拥挤路段，“十四五”末高速公路通车里程达到10000km以上，新增通车里程3000km以上

续上表

序号	属地	政策文件	交通建筑工业化产业市场需求
9	福建省	福建省"十四五"现代综合交通运输体系专项规划	铁路营业里程超 5000km，其中高快速铁路营业里程约 2500km；公路网总里程达到 11.3 万 km，实现 80%陆域乡镇 30min 内便捷通高速；沿海港口新增通过能力约 1 亿 t，有序推进沿海重点港区铁路进港，集装箱铁水联运量年均增长率达 15%；建成福州长乐机场二期、厦门新机场
10	江西省	江西省"十四五"综合交通运输体系发展规划	铁路方面，重点推进以南昌"米"字形高铁为核心的"一核四纵四横"高速铁路网建设，南北向高速铁路全面贯通，到 2025 年，铁路通车总里程达到 5500km 以上，力争 200km/h 及以上高速铁路通车里程达到 2400km，实现 350km/h 高速铁路设区市全覆盖。公路方面，高速公路重点推进京九、沪昆"大十字"8 车道和设区市绕城高速公路建设，到 2025 年通车里程达到 7500km 以上；普通公路路网结构不断优化，普通国道二级及以上比例力争达到 95%（同口径），县道三级及以上比例达到 70%，乡镇基本实现通三级及以上公路，建制村通双车道公路比例达到 60%。机场方面，南昌昌北国际机场枢纽功能全面增强，"一主一次六支"民用运输机场网络全面形成，通用机场达到 20 个以上，到 2025 年航空旅客吞吐量和货邮吞吐量分别达到 3400 万人次、40 万 t。港航方面，内河高等级航道里程突破 1200km，基本形成"两横一纵四支"内河高等级航道网和"两主五重"现代化港口体系，港口年通过能力达到 3.8 亿 t，集装箱年通过能力达到 200 万标箱以上
11	广西壮族自治区	广西综合交通运输发展"十四五"规划	构建发达的快速网、高效的干线网、广泛的基础网，综合交通网总里程突破 15 万 km。铁路营业总里程达到 7000km，其中高铁运营总里程达到 3000km。公路总里程达到 14 万 km，其中高速公路建成里程达到 1.2 万 km 以上，100%普通国道达到二级及以上等级，80%普通省道达到二级及以上等级，100%普通省道达到三级及以上等级；100%乡镇通三级及以上公路，90%以上自然村（屯）通硬化路。打造西江黄金水道升级版，完善"一干三通道"高等级航道网络，实现西江航运干线航道全线达到 3000 吨级，右江、红水河、柳黔江总体可通航 1000 吨级及以上船舶，加快百色水利枢纽等重点内河枢纽通航设施建设，加快建设西江港口群，实现内河港口吞吐量达到 2 亿 t。建设"两干九支"民用机场体系，通航发展取得积极成效。建成联通国际、普惠城乡、衔接高效的邮政快递服务网络
12	广东省	广东省综合交通运输体系"十四五"发展规划	到 2025 年，广东铁路运营里程将达到 6500km，其中高速铁路 3600km，城际铁路 800km。广东城市轨道交通里程达到 1700km，广东公路通车里程达到 22.5 万 km，其中高速公路里程达到 12500km

浙江省11个地级市“十四五”期间交通建筑工业化产业潜在市场　表5-2

序号	地级市	行业发展规划	关键内容
1	杭州市	杭州市综合交通发展“十四五”规划	到2025年，高速公路里程新增109km，总里程达到909km；高速铁路里程新增205km，总里程达到500km；新增2个门户型综合交通枢纽
2	绍兴市	绍兴市综合交通运输发展“十四五”规划	“十四五”期间，规划完成投资约1819亿元，其中铁路110亿元、城市轨道交通412亿元、高速公路及服务区493亿元、普通国省道365亿元、城市快速路196亿元、农村公路97亿元、水运28亿元、航空2亿元、管道45亿元、邮政8亿元、枢纽场站56亿元、绿道7亿元。“十四五”期间，规划建设铁路188km、城市轨道交通65km；新增高速公路139km，新建、改建普通国省道87km、农村公路794km；规划建设省级绿道网465km
3	温州市	温州市综合交通运输发展“十四五”规划	完成综合交通投资2200亿元，新增综合交通网总规模2000km，综合立体交通网络更加完善；较高水平建成3个“1小时交通圈”，基本形成“521”高铁时空圈
4	宁波市	宁波市综合交通发展“十四五”规划	到2025年，铁路里程达到440km，市域（郊）铁路规划期内开工建设里程达200km；高速公路里程突破690km
5	湖州市	湖州市综合交通运输发展“十四五”规划	轨道交通方面，新增高速铁路88km、城际铁路82km、市域铁路24km，基本建成“轨道上的湖州”；公路方面，新增高速公路142.3km，新改建普通干线公路403km，无缝对接长三角公路网络
6	金华市	金华市综合交通运输发展“十四五”规划	铁路新增约244km，城市轨道交通新增约102km，公路合计新增约535km。其中：高速公路新增71km，普通国道新增51km，普通省道新增101km，农村公路新增312km
7	衢州市	衢州市综合交通运输发展“十四五”规划	融入长三角的铁路主骨架全面形成，快速铁路里程达到310km；轨道交通1号线建成运营，主线达到21km；普通国省道加密拓展，里程达到688km；快速路网骨架基本建成，市区实现客货分离，基本实现各县均有一条快速路连接衢州市区；高水平“四好农村路”基本建成
8	丽水市	丽水市综合交通发展“十四五”规划	铁路里程达到505km，高速公路里程达到453km，普通国省道公路里程达到2000km
9	台州市	台州市综合交通运输发展“十四五”规划	预计到2025年新增总线网规模达到1354km、铁路里程200km、高速铁路里程198km、公路里程461km、高速公路里程62km、农村公路里程155km、轨道里程52.4km、油气管道107km、省级骑行绿道534km
10	嘉兴市	嘉兴市综合交通运输发展“十四五”规划	预计到2025年新增铁路及城市轨道交通总里程273km、公路总里程173.9km、高速公路里程61.5km、内河航道里程1.9km、千吨级航道里程86.6km
11	舟山市	舟山市交通发展“十四五”规划	预计到2025年新增公路网总里程86.5km、高速公路总里程28.1km、普通国省道里程197.4km能源管网里程271km

在现阶段装配式预制构件还没有标准化、商品化的前提下，生产企业很难得到稳定的市场需求，产品种类不确定性导致工厂规划的不科学性，必将严重影响经营效益和可持续发展，加大企业投资风险。因此，如果企业在区域市场中没有近期及中远期可预期的稳定工程业务支撑，很难决策投资装配式工业化产业。

2）市场定位

市场定位主要是投资方对交通建筑工业化产业的发展定位，即交通建筑工业化企业能给投资者带来什么样的利益。很多企业进入市场前，缺少对市场的客观、科学分析，市场有什么业务就做什么，缺乏明确的市场开发战略，资源难以有效配置、资金使用效率低，难以形成企业核心优势，导致运营期利润水平低。随着交通建筑业生产方式的转变和深入发展，装配式建筑发展必然占据交通建筑业发展的核心地位，企业若要得到持续稳定发展、在行业中做大做强，就必然要在装配式建筑发展中占有一定市场份额，这直接影响企业对装配式建筑的投资决策。因此，选择合适的市场对于企业成功打开市场并获取利润非常重要。

（1）划分市场

竞争优势的实现是市场划分的前提，包括企业核心竞争优势和能获取的资源情况、近期项目需求。市场需求高，竞争也会更加激烈，企业应进行更细致的市场划分，以便于把握项目机会，迅速占领市场，实现战略目标；市场需求低，竞争程度低，企业需要更大的经营范围，否则会出现生存危机。

按产业链内容划分，市场可分为混凝土预制构件、水泥混凝土、沥青混凝土、干混砂浆、机制砂石料、钢结构等产品的加工生产、建筑垃圾再生利用、装配施工、设计研发、结构健康维护与运营等内容。按行业划分，市场可分为公路、铁路、城市轨道交通、航道、港口、机场等。但仅仅根据行业划分情况还不能给企业明确的发展导向，需要根据企业自身优势确定划分程度，进一步细致、明确划分市场。例如企业可瞄准一定体量、可以标准化预制的节段梁市场。

（2）选择目标市场

通过市场划分，企业分析市场上现有同类产品的竞争情况，进一步明确自身的竞争优势，并以此选择目标市场。选择市场有产品专业化、全面化、集中化等方式。

目前，根据华东地区部分交通建筑工业化企业的产能情况可知（表 5-3），大部分企业选择少数几项专业化产品，向周边区域各种项目销售，这样不仅提高了资源配置效率，还提升了协同程度。但由于大型预制构件还没有完全实现商品化销售，这些企业基本依托的是股东的自有投资建设项目，以保障稳定的收入来源。

华东地区部分交通建筑工业化企业的产能情况 表 5-3

序号	建筑工业化企业名称	生产线设置情况	产品	产能	主要机械设备
1	绍兴市上虞区交通产业发展有限公司	33 条 T 梁生产线、1 条桥面板生产线、2 套混凝土拌合站	T梁、桥面板、全强度等级混凝土	年生产混凝土 30 万 m^3、预制 T 梁 11340 片、桥面板 2592 榀	数控剪切机、数控弯曲机、车丝打磨一体机、数控弯箍机、焊接机器人、棒材一体机、拌合系统、大型起重设备
2	德清交水建筑工业化有限公司	1 条管片生产线、2 条 16m 梁板生产线、1 条 20m 梁板生产线、2 条 13m 空心板生产线、1 座商品混凝土供应站	梁板、管片、高强度等级混凝土	年生产混凝土 50 万 m^3、制管片 8000 片、预制梁板 1600片	数控剪切机、数控弯曲机、车丝打磨一体机、数控弯箍机、棒材一体机、拌合系统、大型起重设备
3	金华交投建筑工业化有限公司	2 套混凝土拌合设备、1 套沥青混合料拌合设备、3 条梁板预制加工生产线、1 座小型预制构件厂	预制梁板、小型预制构件、全强度等级混凝土、沥青混合料	年生产混凝土 20 万 m^3、沥青混合料 40 万 m^3、预制构件 5 万 m^3、钢筋加工 3.1 万 t	混凝土搅拌设备、沥青搅拌设备、大型起重设备、砂石分离设备、物料提升及电控系统、数控钢筋加工设备
4	丽水交投建筑工业化制造有限公司	1 条 T 梁生产线、2 套 3 立方混凝土拌合站	T 梁、箱梁、全强度等级商品混凝土	年生产混凝土 30 万 m^3、预制 T 梁 1200 片	混凝土搅拌车、混凝土输送泵、数控剪切机、数控弯曲机、数控锯切套丝打磨生产线、数控弯箍机、棒材一体机、拌合系统、大型起重设备
5	绍兴市城投建筑工业化制造有限公司	2 条立柱生产线、2 条盖梁生产线、3 条小箱梁生产线、1 套混凝土拌合站	立柱、盖梁、箱梁、全强度等级混凝土	年生产混凝土 20 万 m^3、预制立柱 2100 根、预制盖梁 1200 榀、预制小箱梁 3000 榀	数控剪切机、数控弯曲机、车丝打磨一体机、数控弯箍机、棒材一体机、拌合系统、大型起重设备
6	义乌交旅建筑工业化科技有限公司	3 条预制标准构件生产线、3 个小构件生产车间、1 套混凝土拌合站	预制标准构件、全强度等级混凝土	年生产混凝土 20 万 m^3、预制标准构件 8 万 m^3	数控弯曲中心、车丝打磨一体机、数控弯箍机、拌合系统及运输设备、智能张拉压浆设备、大型起重设备

续上表

序号	建筑工业化企业名称	生产线设置情况	产品	产　能	主要机械设备
7	浙江交工集团股份有限公司舟山建筑工业化分公司	重钢生产线3条、轻钢装备生产线1条、轻钢模板生产线2条、轻钢贝雷片及桥面板生产线1条、小型钢构件生产线1条	重型钢结构、轻型钢结构、特种设备、临时钢结构、安防产品	年生产重型钢结构6万t、轻型钢结构4万t	数控精细等离子切割机（单头、双头）、数控火焰切割机、钢材预处理线、桥面板打磨机、U肋定位焊机器人焊接系统、板单元反变形船位焊接设备、顶板立体单元机器人焊接系统、U肋内焊设备、移钢机、矫正机、重钢组立机、悬臂自动埋弧焊机
8	浙江天壹重石建设科技有限公司	6条小箱梁生产线、1套混凝土拌合站	箱梁、全强度等级混凝土	年生产混凝土15万m^3、预制小箱梁3000榀	数控剪切机、数控弯曲机、数控弯箍机、全自动张拉、压浆系统等
9	上饶市饶建装配式建材有限公司	1条立柱生产线、1条盖梁生产线、3条T梁生产线、1条小型构件生产线、1套混凝土拌合站	立柱、盖梁、小箱梁、商品混凝土、小型构件	年生产商品混凝土30万m^3、预制构件产能12万m^3、小型构件3万m^3。	大型起重设备，混凝土搅拌站设备，钢筋加工设备
10	晋江交发科技有限公司	1条立柱生产线、1条盖梁生产线、2条T梁生产线、1套混凝土拌合站、1个机制砂场、1个再生资源回收加工区、1个小型构件加工区	碎石、预制构件（立柱、盖梁、T梁）、预制护栏、商品混凝土、混凝土砌块、再生集料、垃圾处理	年产碎石180万t、预制构件10万m^3、预制护栏6000片、商品混凝土20万m^3、混凝土砌块850万块、再生集料15万t、处理垃圾24万t	数控剪切机、数控弯曲机、车丝打磨一体机、数控弯箍机、棒材一体机、拌合系统、大型起重设备、建筑垃圾处理设备、试验室设备、污水处理系统等

5.1.2 依托大项目

由于行业体系不完善、缺乏与工业化相适应的标准化设计，装配式建筑目前主要是依托特定项目开展，通过大型工程承包模式，如EPC、PPP（政府和社会资本合作）、BT（建设—移交）、FEPC（融资＋设计＋采购＋建设总承包）等模式加快推进装配式建筑研发和运用，有利于发挥各自模式的特点，实现优劣互补，带动产业转型升级。主要表现如下：

（1）高效统筹资源

大型项目能够充分发挥装配式建筑生产规模化、工厂化、标准化优势，打造后场“专业化施工平台”。规模化主要体现在此类项目体量一般较大，充分发挥了装配式建筑预制构件批量生产的经济效益，同时兼顾营运期的质量缺陷，为预制构件的更换维保提供了便利。工厂化主要体现在由分散的野外作业变为厂内施工，作业环境发生了根本性的变化，不仅可以克服恶劣天气的影响，还可以改善工人的作业环境，提高了生产效率。标准化主要体现在临时设施的配套建设和管理的标准化两个方面，把原来现场“点”的投入和管理，变成后台集中“面”的投入和管理，让“6S”真正在施工现场落地开花。通过“三化”建设打造了后场“专业化施工平台”，最终实现了把构件的集合尺寸和质量的核心指标控制在工厂里，促进了传统流动工人向相对稳定的产业工人升级，提供了机器换人的后场施工平台，实现了生产效率和经济效益双提升。

（2）有助于建设单位起主导作用

施工企业在大项目背景下，可以最大限度地发挥自身的能动性和创造力。项目业主通过指标设置和目标管理，如材耗能耗、施工废弃物排放、工期、工业化率等指标，促使总承包企业以工业设计思维，进行工程设计和施工方案策划，最大限度保证预制构件满足工业化大规模生产需求。

施工单位具有强大实战能力，总是与复杂的地质条件和变化的施工环境做各种“战斗”。在这种过程中，总结了丰富的施工经验和积累了大量的资源储备，但在传统的施工模式下，部分经验往往发挥不了作用，部分资源发挥不了效率。在肩负环境保护和资源节约的历史重任下，建筑业呼唤着装配化时代的到来。装配化生产打造的专业化施工平台和设计标准化，助推了管理的集约化，能够细分专业板块，让专业的人做专业的事，能够真正提供培育产业工人的环境，乃至培育出大国工匠。同时，集约化管理还提高了设备的集中管理和使用效率，最终促进了品质工程的打造。

（3）促进设计与施工融合

企业以 EPC 等模式建设工程，可以加强工程设计与施工资源深度融合，提升工程设计与施工技术创新水平，加快装配式建筑的研发进程，发挥设计引领优势，推动工程设计实现标准化。

设计理念引领着施工组织和投入，决定着产品的发展方向和施工方的效益。传统模式下的设计方往往扮演着“二业主”的角色，更愿意一成不变；EPC 等模式决定了设计方与施工方要风险共担、效益共享，使其更愿意承担责任、共同规避风险。在设计阶段，设计方可以与施工方一起编制施工组织设计、进驻施工现场驻点设计，具有因地制宜并兼顾施工的便利性。EPC等模式有效推动了设计的标准化，推动了“四新”技术更大范围的应用，特别是标准化构件的设计，让“机器换人”的比例大大提高，减少了模板等资源的投入，进一步助推了装配化建筑生产的发展。

（4）促进装配式人才培养

装配式建筑是建造方式的重大变革，是工程建设全产业链进行重大调整和转变的系统工程，但目前面临着全过程管理人员、设计人员人才不足的问题。通过EPC工程建设模式，企业可以培养大量深入了解投资经营、工业生产、工程设计的复合型人才，促进建筑工业化发展。另外，EPC模式还可以加快建筑业设计施工一体化平台的发展。

5.2 企业拓展模式

产业想得到落实，仅有政策还不足，必须牢牢抓住建筑工业化企业这个“牛鼻子”，在地方快速拓展。交通建筑工业化产业的业务核心是各种预制构件生产加工，以及原材料、半成品、附属用品和延伸服务。企业应综合利用政策支持、资源优势、项目支撑、合作方自身条件，将交通建筑工业化产业以实体形式呈现出来。同时，企业作为一个独立运营的企业法人，属地化运营十年甚至更长时间，将为参与各方带来利润，如何将交通建筑工业化企业落户在地方，是产业发展的关键问题。

5.2.1 由大型总承包施工企业主导的拓展模式

传统施工业务以提供建筑产品和技术为中心，与交通建筑工业化中的生产制造环节基本相同。然而，交通建筑工业化产业借鉴了制造业的服务性，更注重开发商用户的满意度，通过“标准化设计、工厂化生产、装配化施工、信息化管理、产品化销售”的服务模式，为用户带来更优的产品体验。这种改变决定产业将围绕开发商实施，通过传统施工产品和相关服务的融合，形成一种新发展模式。对开发商而言,这种改变还能够提供品质更高的构件产品和参与方共赢的合作模式，生产过程与环境生态保持友好，推动多种产业共生，催生新的价值和利润点。

产业发展除了需要基本的技术和产品外，还要有地方政府配套政策、相关管理机构对业务的协调和统筹、形成市场化运作的条件。产业初期面临风险也较大，仅仅依靠构件生产厂家、施工队伍或者业主，都难以单独完成交通建筑工业化产业运作。取而代之的是围绕业主需求的多产业融合，随之形成行业的综合产业生态圈。那么，谁来组建产业生态圈？实践证明，大型总承包施工企业是最佳发起人。

施工企业发起建筑工业化产业原因如下：一是传统施工企业粗放发展，低价中标和低端服务模式已经让施工企业举步维艰，难以适应社会经济发展，迫切需要转型升级。二是施工企业自身拥有构件生产、施工、运营管理资源，又长期与业主打交道，深刻了解用户需求。施工企业通过整合行业资源，以全新的建造＋服务模式改变盈利模式，提升企业竞争力，构建交通建筑行业良好的生态系统。三是设计企业虽然也可以利用前端标准化优势提供项目咨询服务，但由于构件生产厂家规模较小，设计企业在项目后期实施中话语权较低，不能有效调动生产、施工、运营等参与方资源，不是最佳发起方。而业主是交通建筑工业化服务的中心，其定位是提出要求，不能主导产业具体如何统筹运作。

综合以上因素，注定了交通建筑工业化产业的最佳主导方是大型施工企业。在交通建筑工业化产业链上，大型施工企业是链主，用链主企业带动关联企业集聚，引领支撑产业集群发展，带动上下游企业受益，推动行业发展。

5.2.2 打造利益共同体的拓展模式

1）必要性

交通建筑工业化项目比一般项目规模大、工程量大、难点多，需要开发商、设计院、构件生产厂家、施工企业紧密合作，政府作为组织协调关系的角色，也常常加入其中。单独一家企业完成整个项目的难度大、风险高，需要跨企业合作以有效分担项目风险、共同盈利。产业的稳健发展需要企业之间保持长期稳定合作，持续创造价值。企业发展根本是追逐利益，企业之间的合作也应该是以价值分享、利益均沾为基础。只有构建以交通建筑工业化产业为核心的利益共同体，才能激发参与方的积极性，获得产业长远发展。

2）利益共同体

打造利益共同体是指在交通建筑工业化产业链上下游，两个及以上的企业通过股权投资、组建联合体、并购收购等方式建立长期合作关系，发挥各方核心优势，达到风险共担、互利共赢。合作企业根据协议约定参与方不同程度的盈亏共担，依据自身资源参与企业经营活动，强调责任权利和多元利益的结合。利益共同体的合作以法律为准绳，保障经营行为的合法性。

合作企业一般处于产业链上下游不同位置，或同一位置的不同级别。如投资平台、施工单位、设计单位、原材料生产企业；在交通行业中，有央企、地方国企和民企，参与方一般具有明显的核心优势，能够为交通建筑工业化产业带来持续发展动能。

3）优点

（1）有助于打造交通建筑工业化产业集群。交通建筑工业化企业与当地优势企业合作，拓展企业社会关系，提升品牌建设及企业的属地化水平，助力当地经济社会发展。交通建筑工业化企业与当地企业形成产业集群，加速推动产业升级。产业集群是传统产业结构的调整和优化升级，其核心是在一定空间范围内产业的高度集中，企业纵向一体化深入发展。产业集群有集聚效应，有利于降低企业的制度成本（包括生产成本、流通成本），提高规模经济效益，提高产业和企业的市场竞争力。产业群内部可以用费用较低的企业内交易替代费用较高的市场交易，达到降低交易成本的目的，增强企业生产和销售的稳定性，可以在生产成本、原材料供应、产品销售渠道和价格等方面形成一定的竞争优势，提高产业进入壁垒，提高企业对市场信息的灵敏度，加快新技术、新设备、新工艺应用，使企业快速进入高新技术产业和高利润产业。

（2）有助于形成新型产业链结构。绿色化、工业化、智能化是传统建筑行业发展大势所趋。交通建筑工业化企业基于契约建立股权合作关系，投资平台、设计院、建设单位等各个参与方拥有平等对话的权利。施工企业作为主导推动者，需要转变传统的乙方思维为甲方思维，统筹产业资源，为产业发展提供整套解决方案。传统交通建筑产业只关注产品质量，合作关系持续短暂；在新型产业链中，参与方很显然不仅关注产品质量的优劣，还会关注周边附属的用户体验。例如，围绕预制构件产品的检测、运输、装配活动，生产活动的废水、废气、废渣处理情况，形成良好的社会合作关系，带动对方经济的发展等。这些服务体验具有个性化、无形、持久的特点，是企业创新的源泉，参与方往往也是用户之一，只有更优异的工业化产品质量和更好的用户体验才能满足所有参与方的利益，实现合作增值和共赢，服务体验将成为企业的竞争优势之一。

（3）有助于获得更多的项目资源。随着国家对交通建筑工业化产业的大力倡导，各地国资平台从建立之初就具备了区域资源，具备属地化发展基础，拥有充分政府授权等优势。国资平台能够准确把握地方政府发展规划和战略目标，汇聚区域内资源，紧跟地方产业发展导向，履行国资保值增值责任。大型施工企业围绕主业成立交通建筑工业化新产业投资平台，通过新产业的投资拉动，促进企业核心主营业务的增量发展，主动打破体制所造成的发展瓶颈，保持相对领先的市场地位，持续引领商业模式创新和企业规模二次飞跃。与此同时，各级地方政府为了在新发展格局中拥有突出的地域区位优势，扩大增长动能和市场需求，均发布了比较明确的交通基础设施支持政策。围绕经济发展增量需求，通过“强链、补链、延链、扩链”的路径，能够较为顺畅地找到双方协同发展的契合点，交通建筑工业化成为增量合作平台。合作企业围绕交通行业属地市场资源，发挥各自优势，以区域主导或产业主导，建立合作平台，实现优势互补，产生$1+1>2$的效应，提升企业影响力，不仅使得项目获取更容易，而且也会促使利益共同体内部的技术交流和转移变得更快。例如，由投资方策划以 EPC 总承包模式建设工程，以工程项目承包带动交通建筑工业化企业投资建设。在招标中以大标段、预制标等方式推动企业投资建设。

5.2.3 企业业务承接模式

根据前期调查，目前在交通建筑工业化发展较快的上海、浙江等地，企业业务承接的模式主要有以下三种：

（1）订单委托

建设单位或施工单位中标后，在周边已有的 PC 构件预制厂中选择合适的工厂委托生产，备选工厂已具备场地、设备、人员、技术等生产能力，并得到业主单位及监理单位的评审认可，生产过程中的进度、质量、安全控制主要由工厂按委托方订单要求生产，业主、监理及施工单位各自派驻管理人员到现场监督管理。目前该模式正在浙江绍兴、广西南宁等项目推广，适合于企业周边工程业务饱满、技术相对成熟的情况。

（2）备案制采购

备案制采购即“上海模式”，各 PC 构件厂建厂后按“上海市住房和城乡建设管理委员会《关于进一步完善本市建设工程材料备案管理的通知》（沪建建材〔2017〕1089号）”审查登记备案，投标单位在工程中标后，在经济运输半径内选择已有备案的专业预制构件生产企业进行构件订单采购。中标单位可将所需预制构件以订单形式派给预制构件生产企业，以产品模式购买预制构件，其间不需要提供材料、人员、机械设备。生产过程中的进度、质量、安全控制主要由工厂按业主单位要求负责。该模式适用于政府相关部门具备较高质量控制水平、对市场有监控能力、企业有一定数量和生产能力、业务较为饱满的情况。

（3）认证制及首件检验制

本模式主要为铁路行业采用，施工单位中标后，引入或自建PC构件生产企业，由中国铁道科学研究院集团有限公司（铁科院）组织专家进行认证，并对首件检验合格后，颁发认证证书，组织生产。业主、监理及施工单位各自派驻管理人员到现场监督管理。该模式适用于行业发展不受项目所在地政策影响的情况。

在目前交通建筑工业化发展的初期阶段，作为区域基础设施建设及维修养护的配套项目，上述无论哪种模式，都是在政府及行业管理部门的引导下，在业主单位的主导下，结合市场化的运作，由市场参与各方共同推进，从而推进区域交通市政基础设施在新时代条件下快速高效、节能环保、高品质、可持续健康发展。

5.3 企业拓展实践

5.3.1 浙江交工集团股份有限公司舟山建筑工业化分公司

（1）项目简介

浙江交工集团股份有限公司舟山建筑工业化分公司（以下简称“舟山建筑工业化公司”），由浙江省交通投资集团有限公司全资建设，建设初期为宁波舟山港主通道项目服务。宁波舟山港主通道项目位于舟山群岛中部，由主线（富翅门大桥、舟岱大桥）和鱼山支线大桥组成，跨越5个航道，连接5座岛屿，全长约37km，总投资约163亿元，于2021年全线建成。建成后将连接已有的甬舟高速公路，使舟山连岛工程总里程达到87km，成为世界上最长的连岛高速公路和规模最大的跨海桥梁群。这是继港珠澳大桥之后，我国又一大型跨海工程，其工程规模为在建外海工程之首，其体量与杭州湾大桥、港珠澳大桥主体桥梁工程相当。

（2）拓展情况

宁波舟山港主通道项目在规划阶段考虑采用集中预制生产模式，把桥梁建设中的构件集中到工业化生产线上生产，开启了交通建筑工业化发展的新阶段。舟山建筑工业化公司采用“构件集中预制、钢筋集中加工、混凝土集中拌和”的“三集中”措施，于2016年9月在定海工业园成立全资子公司，以永久性工厂的模式推进交通建筑工业化发展，并与舟山地方开发平台建立了合作关系。得益于舟山地方开发平台的优惠政策，定海工业园区采用“先租后让”招商模式，舟山建筑工业化公司与之签订《场地租赁协议》，以土地租赁方式解决场地问题。租期满后以招拍挂形式出让土地，原租赁企业有意向且符合园区产业规划的，享有优先购买权。企业采用永临结合方式展开建设，建设内容包括短线预制厂、梁厂驻地、生活区、拌和区、钢筋加工厂等，投资约2亿元。2018年初，舟山建筑工业化公司提前结束《场地租赁协议》，签订项目投资协议书。至今，舟山建筑工业化公司已经成为全国一流的预制构件生产企业，先后服务鱼山大桥、舟岱大桥、沪舟甬北向通道、甬舟铁路等项目，提供高品质桥梁构件，助力品质工程建设。

永临结合是指永久性设施和临时性设施相结合，将永久设施提前完成兼做临时设施使用，以达到使用目的并节约费用的方法。当前，各地工业用地指标紧缺，工程项目进度紧张，土地审批流程完全跟不上项目建设步伐。此时，可依托在建或规划的重大工程项目，将建筑工业化企业作为项目预制场的方式同步规划建设。通过土地租赁的方式解决用地问题，后期在条件具备时解决土地指标。这种方式降低建设分摊费用，同时有首期业务支撑，也降低了永久基地投资风险。

（3）运营情况

依托大项目，永临结合模式是舟山建筑工业化公司顺利落地的关键。2018年底，公司服务项目鱼山大桥圆满完成了大桥建设任务，顺利通过交工验收，创造了桥梁27个月快速施工的奇迹，为我国桥梁建设向工业化施工迈出重要的一步。

5.3.2 绍兴市上虞区交通产业发展有限公司

（1）项目简介

绍兴市上虞区交通产业发展有限公司（以下简称“上虞建筑工业化公司”）依托杭绍甬高速公路杭绍段项目而设立。该项目总投资293.98亿，是浙江省当前单体投资规模最大的 PPP 交通项目。杭绍甬高速作为浙江省智慧交通率先推进项目，对于服务长江经济带国家战略、完善国家和区域高速公路网络、推动浙江省大湾区与大通道建设，打造“智能、快速、绿色、安全”的智慧高速公路、培育综合交通产业、缓解杭甬高速公路交通压力、促进区域社会经济发展均具有重要的意义。

杭绍甬高速杭绍段全长 52.74km，主线采取双向 6 车道高速公路标准建设，设计速度为 120km/h，西起于杭州下沙枢纽，向东经杭州萧山区、钱塘区和绍兴柯桥区、滨海新区、上虞区，止于上虞与余姚交界处，接拟建的杭绍甬高速公路宁波段二期工程。全线设 13 座主线高架桥、6 座互通、4 个枢纽、2 个服务区。杭绍甬高速公路杭绍段桥隧比高达 99.1%，桥面铺装面积是港珠澳大桥主体工程的 3.3 倍，建设工期仅为 26 个月，为节省施工时间，项目全线梁板采取预制模式，共需预制 33395 片 T 梁。浙江省交通投资集团有限公司与绍兴市上虞区交通投资有限公司在上虞合资成立上虞建筑工业化公司，以杭绍甬高速项目建设带动建筑工业化产业发展（图 5-1）。

图 5-1　曹娥江特大桥杭绍甬高速杭绍段项目施工现场

（2）运营现状

上虞建筑工业化公司作为亚洲最大的预制厂，从原材料进场到成品出厂均采用智能化的运作方式，产能达到普通梁厂的 2～3 倍。上虞建筑工业化公司设有 11 个车间、33 条生产线，全天候不间断流水化作业，日均可以生产 33 片梁板。通过引进和使用 BIM、物联网、AI 等新技术，上虞建筑工业化公司实现了数字化管理、指尖上生产和可视化监管（图 5-2）。智慧梁厂引入了新一代智能钢筋数控加工、机器人焊接、机器人巡查，不仅能大大提升生产效率，也能很好地提升现场质量安全管理水平。此外，引入新一代智能钢筋数控加工、机器人焊接、机器人巡查等智能设备，真正将智能化技术运用到整个项目建设过程。

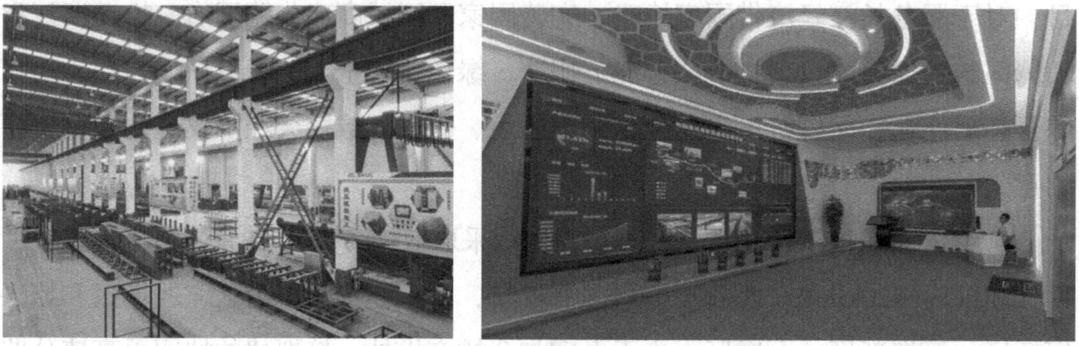

图 5-2　上虞建筑工业化公司智慧建造管理平台

5.3.3　绍兴市城投建筑工业化制造有限公司

（1）市场拓展背景

2018 年，“绍兴市城市智慧道路快速系统和地下管廊工程项目”（简称“三路一廊”项目）开始建设。越东路智慧快速路北起杭绍甬高速，南至绍诸高速平水收费站，全长约 22km，其中一期杭绍甬高速至二环南路以北段总长约 17.5km。越东路智慧快速路采用高架与地道相结合方式敷设，是市区连接高速公路网的重要通道，也是支撑城市南北发展的重要载体。二环北路及东西延伸段（镜水路—越兴路）智慧快速路工程（镜水路—越东路）主线西起自镜水路立交东侧，采用高架形式自西向东连续跨越大越路、绿云路、越西路、官渡路、曲屯路、解放大道、后墅路、中兴大道、迪荡湖路、平江路（袍中路）、止于越东路，全线为高架敷设形式，全长约 11.6km，共设 8 对高架段上下匝道：大越路西向、大越路东向、越西路西向、解放大道西向、后墅路东向、中兴大道西向、迪荡湖路东向、平江北路西向。工程范围内，地面道路同步改造，按“主线快速路双向 6车道 + 地面辅路双向 6 车道”设计，局部地面辅路采用双向 4 车道。项目总投资约 51.17 亿元，计划在 2022 年 6 月份前竣工通车。G329 舟鲁线智慧快速路工程西起湖安路，东至孙曹公路，全长约 26.65km，其中一期工程自湖安路至越兴路，全长约 22.35km。全线以高架、地面、地道相结合的形式敷设，是对接杭绍甬高速、实现三区快速连通的主要交通线网。根据项目预制构件需求分析统计，总共需要主柱 3048 根、盖梁 1635 榀、小箱梁 8833 榀。该项目是 2022 年杭州亚运会配套项目，根据绍兴市人民政府意见，全部使用装配式建造。

（2）拓展模式

绍兴市城市建设投资集团有限公司作为该项目的开发商，拥有丰富的地方资源和政府授权；浙江交工集团是浙江省内最大的交通施工企业，也是浙江省内交通建筑工业化的实施单位；上海城建预制构件有限公司拥有国内先进的预制构件生产技术，三家企业强强联合、形成优势互补，共同合资建设绍兴市城投建筑工业化制造有限公司（以下简称“绍兴建筑工业化公司”）。

（3）运营现状

自 2019 年下半年投产以来，绍兴建筑工业化公司生产的预制构件累计可架设桥梁 100km，可减少 60%的现场作业人员、70%的建筑垃圾，施工速度较传统方法提高一倍以上。绍兴建筑工业化公司同时向周围近 20 个标段供应预制构件，节约施工用地，明显减少了城市施工拥堵。2021 年 4 月，绍兴建筑工业化公司被评为浙江省建筑工业化产业（示范）企业。截至目前，绍兴建筑工业化公司实现预制构件区域市场商品化、高强度等级混凝土销售、钢筋加工配送产业化、国家级高新技术企业认定“四个突破”。

绍兴建筑工业化公司大力应用 5G 技术，将其广泛应用到成品监测、环境监测、智能监测机器人、拌合站监控、自动喷淋、指挥中心等日常生产管理中，实现点到点、点到面的全面联动，打造“数字化未来工厂”（图 5-3），该工厂也是国内首个在箱梁顶板钢筋应用机器人智能焊接预制装配式构件的生产工厂（图 5-4）。

图 5-3 数字化未来工厂

图 5-4　机器人智能焊接预制装配式构件

5.3.4　上饶市饶建装配式建材有限公司

（1）依托项目

上饶市饶建装配式建材有限公司（以下简称“上饶建筑工业化公司”）依托G320 沪瑞线弋阳朱坑至圭峰段公路改建工程而设立。G320 沪瑞线弋阳朱坑至圭峰段公路改建工程项目是省、市重点项目，也是弋阳县“十三五”期间国省道公路升级改建 PPP 项目工程之一。该项目全长 25.2km，线路起点位于横峰县与弋阳县界处，终点位于县界（贵溪与弋阳交界），总投资 7.352 亿元。项目共计需要 406 片 T 梁，都将在上饶建筑工业化公司预制生产，工程量达 14800m^3。

（2）拓展情况

上饶建筑工业化公司由浙江交工集团与上饶交建实业有限公司合资成立，后者是上饶当地的交通投资平台。

（3）运营情况

上饶建筑工业化公司 2021 年 5 月开始场地建设（图 5-5），2021 年底预制构件生产线基本建成。2022 年 5 月，首片预制 T 梁顺利浇筑。

图 5-5　上饶建筑工业化公司 T 梁首件建筑完毕

5.3.5 海外实践之非洲赞比亚基地

1）利益共同体构建

“一带一路”倡议给中国交通建筑业提供了重大机遇和挑战，一方面，催生对外承包工程新机会，促进传统行业转型升级，推动交通建筑业高质量发展；另一方面，一些企业缺乏国际市场经营战略和发展规划，难以扎根当地市场，或是对区域市场经济、政治因素不熟悉。在海外市场的开拓中，我国交通建筑企业同样也可以通过构建利益共同体的模式来推动基地拓展。

央企深耕海外市场多年，历经市场充分竞争以及一系列改革与实践，已经在各自主营业务领域建立了规划咨询、勘察设计、施工建造、运营维护等全产业链业务优势。在全球范围内，央企业务分布之广、机构设立之多、人才素质之高、体系建立之全，是地方开发平台难以在短期内实现的。而建筑央企的这些优势和资源，在当前全球市场环境中所发挥的撬动效应和规模效应出现了不同程度的降低。传统工程市场开发模式下，一方面，央企缺乏“新产业”投资捋顺全球资源要素市场，企业发展滞后于其他国家竞争对手；另一方面，地方开发平台有强烈的融入国际市场发展格局愿望。结合央企、地方开发平台内在需求，目前在国际市场上，央企多作为施工项目履约主体，通过签署工程项目的商业协议，与地方国企形成甲乙双方的合同关系，通过优势互补，围绕产业链一体化整合优势产能，打造“联合舰队”共同出海，实现风险共担、利益共享的高质量发展。

2）企业依托背景

中航国际（赞比亚）有限公司作为赞比亚 EPC 总承包方，目前在执行涉及路桥、房建、机场、医疗教育、新能源等大型项目，具有丰富的营销资源及国际工程项目管理经验，在赞比亚拥有良好的口碑和业绩。浙江交工集团作为承包方借船出海，2019 年 8 月，赞比亚建筑工业化基地揭牌，成为浙江省交通建筑行业第一个海外建筑工业化基地。

（1）赞比亚社会背景

赞比亚位于非洲中南部，近年来经济持续稳定增长，自 1964 年以来，未与邻国发生任何军事冲突，政治经济较为稳定。法律体系以英国法律为基础，非常健全。截至 2016 年底，当地中资企业已近 600 家，雇佣当地员工超过 5 万人。随着我国在赞比亚投资规模的不断扩大，投资行业也呈现多元化。赞比亚基础设施较为齐全但落后，尤其是交通运输基础设施老化，亟待修复。

为了加快赞比亚基础设施建设，赞比亚允许外国投资者参与当地基础设施投资，近年来又鼓励加大公路、市政和航空基础设施改造。在此环境下，通用性高的预制构件具有一定的市场需求。

（2）近期项目需求

赞比亚 EPC 项目的建设内容是为赞比亚内政部建设 2350 套 3 种不同规格的预制房屋。项目合同总金额约 3.23 亿美元，总工期 42 个月，共计 52 个施工地块，分布于赞比亚境内 6 个省。赞比亚 L400-EPC 项目二期为市政道路，其中附属工程混凝土预制构件主要包括箱涵、圆管涵、路缘石、人行道、盖板沟盖板等，而市政道路高密度的排水系统要求也导致了对混凝土预制构件的大量需求。L400 项目二期混凝土预制构件需求量统计见表 5-4。

L400 项目二期混凝土预制件工程量统计 表 5-4

序号	预制件种类	规格尺寸	数量
1	预制箱涵	2.4m × 2.4m	145
2	预制箱涵	2.4m × 1.8m	33
3	预制箱涵	1.8m × 1.2m	177
4	预制箱涵	1.8m × 0.9m	21
5	预制箱涵	1.5m × 1.5m	22
6	圆管涵	ϕ900mm	439
7	圆管涵	ϕ600mm	844
8	圆管涵	ϕ500mm	3509
9	圆管涵	ϕ400mm	237
10	圆管涵	ϕ300mm	305
11	路缘石	1000mm × 300mm × 100mm	38826
12	人行道砖	240mm × 120mm × 50mm	31382
13	盖板沟盖板	600mm × 900mm × 150mm	6454
14	标志标牌	临时标志标牌	362
15	标志标牌	永久性标志标牌	685

（3）当地预制构件市场调查

赞比亚卢萨卡目前主要的混凝土预制构件公司和商品混凝土供应公司有 3 家，分别为 INFRASET LIMITED、ORIENTALQUARIES、TATOSPRE-MIX。

①INFRASET LIMITED

优势：该公司主要生产各类型混凝土预制构件，包括箱涵、涵管、路缘石、检查井、厕所、公交车站岗亭、排水沟盖板、浅碟形排水沟、铁路轨枕等（图 5-6）。该公司为南非企业，规模较大，预制件种类齐全，生产工艺把控严格，质量控制体系完整，目前是赞比亚各大公司首选的混凝土预制构件供应商，订单量较大。

图 5-6 INFRASET LIMITED 管涵堆场

劣势：该公司地处卢萨卡市南部 60km 外的工业小镇，相对于其他公司运距较远、价格较高，生产规模并没有随着近年赞比亚基建项目的增多而进行适当发展，生产效率偏低，且随着订单量的积累，生产压力大，已出现严重不能满足市场需求的状态。

②TATOS PRE-MIX

优势：该公司以商品混凝土生产为主营业务，同时扩展生产各类型混凝土预制构件，例如涵管、路缘石、检查井以及室内外装潢材料等（图 5-7）。该公司位于卢萨卡市内，规模中等，专业水平较高，业务范围较广，是专业的混凝土类建材生产公司，拥有混凝土搅拌运输车运输团队，能够给大型混凝土现浇结构物提供足量商品混凝土，还配备专业施工队伍，为客户提供技术服务。

图 5-7 TATOS PRE-MIX 商品混凝土现浇

劣势：公司总体规模较小，属于私人企业，管理模式僵化，混凝土预制构件质量可控，然而现浇混凝土配合比不能严格按照相应强度等级控制，对现浇结构物的质量造成直接隐患，且混凝土由该公司自行供应，送货效率较低。

③ORIENTAL QUARIES

优势：该公司业务范围跨度较大，包括石料加工（图 5-8）、水泥加工、商品混凝土、商品沥青混合料、水泥砖、农场等多种经营类型。主要原材料均自行生产，例如石料、水泥等。生产成本较低，副产品较多，其主要优势就是价格低廉。该公司建厂较早，具有很好的市场客户关系网和市场份额保有量。L400 项目建设初期，所有营地建设的石料均来自该公司，且该公司有庞大的运输队伍，可以为客户提供送货上门服务。

图 5-8　ORIENTAL QUARIES 石料生产线

劣势：公司预制构件产品单一，并且由于使用自行加工的水泥，混凝土质量难以控制。同时业务跨度大，管理较为混乱。

3）确定市场策略

（1）精准定位。目前赞比亚当地的混凝土预制构件和商品混凝土生产公司的管理水平、产品质量、供应能力参差不齐。总体上价格较高、质量不可控、服务水平低、供应能力差。另一方面，赞比亚政府近年大力推动市场等基础设施建设，对小型预制构件的需求量较大。综合分析，将建筑工业化企业生产产品定位在小型预制构件，包括预制箱涵、圆管涵、路缘石、人行道砖、盖板、标志标牌以及商品混凝土。根据对周边坦桑尼亚、纳米比亚等国家考察，发现非洲国家基建需求普遍集中于小型预制构件，而不是大型桥梁梁板、立柱。从企业在海外生存角度来说，非洲建筑工业化基地产品首选市政等工程中的小型预制构件。

（2）品牌营销。企业精确了解和满足客户要求，不断加强客户关系，将精益服务的理念融合于关系营销中。目前在非洲，省属企业同央企竞争，只有不断优化服务才能提升竞争力。通过 L400 项目一期的优质服务和诚实守信，浙江交工集团逐渐树立品牌形象，并顺利承接 L400 二期等赞比亚境内 3.65 亿美元项目，有力支撑属地化发展。

（3）浙江交工集团借船出海，努力实现央企管理方的价值最大化，同时获得更大的利润，建立牢固的合作伙伴关系，实现央企和浙江交工集团双赢。

（4）属地化管理能够显著降低用工成本、抗风险增效益，促使企业向输出技术、管理、资本转变，并且为属地提供就业机会，维护当地社会稳定与发展。通过履行社会责任及义务，树立中国企业在当地的良好形象，推动企业融入当地社会，稳定发展。属地化管理包括人才、项目物资、设备、专业分包队伍、咨询公司的属地化。

4）基地运营现状

（1）概况

赞比亚基地选址位于赞比亚首都卢萨卡南部 Lilayi 片区，总占地面积为 66744m^2。距离卢萨卡市中心仅 10km，交通便利。赞比亚基地主要负责生产加工混凝土圆管涵、门涵、盖板、路缘石、人行道砖等小型混凝土构件，用于道路及桥隧工程附属部分，总体规划包括 1 套 JS1000 型拌合站、5 条生产线和 2 个钢筋加工区。

（2）现有设备及产量

混凝土拌和区包括 JS1000 型混凝土拌合站 1 台，配备混凝土强制搅拌车 7 辆、装载机 2 辆，每天混凝土生产量可达 200m^3。

钢筋加工区分为 2 个钢筋加工棚。所有钢筋加工均在钢筋加工棚里完成，实现工厂化施工。已建钢筋加工棚有钢筋切断机 2 台、钢筋弯曲机 2 台，主要用于加工盖板、门涵。

制砖机生产线目前有 QTY5-20A 砌块成型机 1 套、3t 叉车 1 辆，另有全自动制砖设备 1 台（含自动进料计量系统），预计每天砖块产量可达到 2 万块。

制管生产线 2 条，包括悬辊机 5 台、JS-500 强制式搅拌机 2 套（含自动进料计量系统），可生产 30～1200cm 内径的圆管涵，10t 大型门式起重机 2 套，3t 小型门式起重机 1 套，每天可生产圆管涵 60m。

路缘石、盖板等小型构件生产线 1 条，包括提升式螺旋布料机 1 套（混凝土浇筑、振捣全自动化生产）、3t 叉车 1 辆，每天混凝土生产量达 20m^3。

门涵等大型结构物的预制生产线，包括10t大型门式起重机1套、2.4m × 2.4m门涵模具4套、0.9～3.6m跨径的门涵模具1套，以满足当地市场需求。

成品养护区引进喷淋养护设备，包含一个300m³的蓄水池，在水资源匮乏的非洲地区确保水源充足。

赞比亚基地目前日产量见表5-5。

赞比亚基地日产量 表5-5

施工内容	尺　寸	数　量	混凝土产量
圆管涵	ϕ0.4m	20m	1.12m³
	ϕ0.5m	20m	1.72m³
	ϕ0.6m	20m	2.48m³
砖块	200mm × 160mm × 55mm	6000块	9.72m³
盖板	90cm × 49cm × 12cm	85块	4.5m³
	90cm × 100cm × 15cm	40块	5.4m³
路缘石	30cm × 15cm × 100cm	200块	9m³
共计			33.94m³

（3）当前客户

经过半年多的建设和生产工作，以及依靠浙江交工集团在L400项目多年建立的口碑和影响力，目前小型构件厂已经和EPC项目承包方中国航天科技集团公司一院（一部、二部、三部）、中建材投资赞比亚有限公司、四川华西集团有限公司等多家施工单位签订了销售合同。

5）小结

（1）赞比亚建筑工业化基地拓展受当地政策影响非常大。所在国赞比亚拥有独立决策权，能够保障建设性政策的有效落实。因此，中资企业能否与当地政府、中国商会、华侨团体密切联系，是开拓非洲国家市场的关键。

（2）中资企业建筑工业化基地的产业链有待完善。目前，预制构件产品销售主要局限在中资企业内部，较难同当地外资企业建立关系，产品销量、类型受限，分析其原因可知，这一问题与中外标准不同、产业保护等有关。建议中资企业拓展预制构件生产上下游产业链，如砂石料矿山的经营、开发更加经济适用的预制构件产品，积极建立预制构件销售关系、开展预制构件维护保养服务。虽然非洲已成为中资企业竞争的“红海”，但受制于当地政策，企业对非洲当地工业化进程的推动却非常有限。

（3）中资企业应着眼于提升预制产品国际竞争力，属地化经营能够显著降低成本，但并不能成为产业持续增长的保障，企业需要不断提高产品竞争力。建议扩大中国标准的影响力，提高预制构件的通用性、产品工艺改进。

第6章

交通建筑工业化产业运营管理

6.1 产业运营策略

产业运营管理是指通过统筹影响产品销售的一系列因素以取得利润、扩大市场占有率的活动。根据市场营销理论，结合交通建设行业特点，交通建筑工业化产业运营核心影响因素包括质量、成本、关系、服务等方面。从产业和企业发展需求出发，交通建筑工业化产业运营目标是：以预制构件生产为核心的多元产业集合，拥有流畅便捷的管理组织，提供高品质产品以及更好的服务体验，为企业自身带来更大的价值和竞争力。

6.1.1 质量策略

产业运营一般有打造品牌、产品差异化、整体产品等策略。

1）打造品牌

近年来，智能新技术引起的行业革新，赋予公共设施人性化功能，极大地便利了群众出行，社会不仅仅要求交通工程产品实用，还对环保、美观等方面提出了要求。道路桥梁等工程的质量关系到人民生命安全、社会平稳运行，一旦出现质量问题将引起很高的关注度。在满足实用的基本前提下，企业应准确把握社会需求，增加基础设施的附加功能，通过独特的性能获取社会口碑，打造企业品牌。一旦形成品牌效应，企业能够迅速树立良好的社会形象，占据有利的市场地位，获得巨大的经济效益和社会效益。现在，一些知名度高、有实力的交通建筑企业，还会运用各种传播手段来进行品牌推广。《财富》世界500强排行榜一直是衡量全球大型公司的著名权威榜单，每年发布一次，榜单以营业总收入作为企业排名的主要依据。2022年，中国有7家铁路、公路建设运营领域的企业进入《财富》世界500强榜单，这有利于我国交通建筑企业争取国际项目，做强做优。

品牌打造是一项综合性、系统性工程，一般包括品牌定位和品牌塑造两个阶段。品牌形象分为内在形象和外在形象，内在形象指产品质量、文化形象；外在形象指给社会留下的感知印象，如信誉、认知、评价等。交通建筑企业的产品就是具体的工程，而工程质量是极其重要的评定指标。2015年，交通运输部提出“品质工程”概念，要求合理成本下工程安全舒适、结构内实外美。新形势下，对于建设品质工程、打造企业品牌，企业可以从以下五个方面着手：

一是树立全寿命周期管理理念，从设计、建造、运营、拆除、资源和环境等方面减少消耗、降低成本，拓展可持续发展空间。除了建设成本外，企业还要综合考虑服务年限、维修成本、改造成本、社会无形效益。各地刚刚投入的交通建筑工业化产业，规模化生产降低成本的优点尚未完全发挥，然而在减少资源消耗和改善施工生态方面已经取得明显成果，绍兴智慧快速路等项目 16 个标段采用绍兴建筑工业化公司生产的立柱、盖梁、箱梁，在浙江省内首次采用全预制拼装技术建设城市高架桥，避免封路施工，有效缓解城市道路拥堵（图 6-1）。

图 6-1　不封路施工现场（绍兴智慧快速路）

二是在桥梁建设中大力发展预制拼装技术。在全世界范围内，对预制拼装技术的认知深刻影响着工程应用范围。欧美一些国家如比利时、加拿大、意大利、西班牙、荷兰、英国、美国等，预制桥梁的应用非常广泛；但是在其他国家，预制桥梁的认可度和应用范围很小。在我国上海市桥梁建设中，工程承台以上立柱、盖梁、小箱梁的构件预制装配率达到 90%，在国内遥遥领先，而有一些地方还没有预制拼装的工程项目。预制拼装技术非常适合中等跨度桥梁，传统模式中采用脚手架的费用高昂，并且施工速度受河道、铁路、道路和高速公路交通的限制。然而从技术和经济的角度来看，起重机的发展、起吊架和组装方法的运用，以及运输车辆长度和装载能力的增加，使预制结构轻松可以跨越 100m。近年来，我国企业在使用支柱支撑和预制构件的横向桥面板施工中取得的进展，使建造美观性强的超宽桥面的单箱梁成为可能。

三是积极推广信息化建设。BIM 技术提供了信息化管理基础，实现全程可视化、各方信息共享，提高协同效率，大大便利了设计阶段图纸审查、生产阶段的工艺优化和精度控制、维护阶段的检测和预警，为全寿命周期管理实现提供平台。此外，5G、物联网、大数据、无人机等智能化、智慧化工具给行业带来全新的体验，助力高品质工程实现。此外，智慧型工程项目也是塑造工程品牌形象的有力推手。

四是探索应用新材料、新工艺、新设备。以 UHPC 为代表的混凝土新材料将成为桥梁行业最大的改变，其他仿生、自愈合等材料也在丰富着混凝土预制构件的性能，并带来更高的耐久性、更优的服役性能。在预制装配中，智能化、大型化的成套设备提供了更高的安全质量保障，较好提升了工程建设的品质。

五是注重生态环保。当前，社会资源紧张，各方对生态环境高度关注，交通建筑企业应主动追求环保、生态，与自然和谐发展，避开生态敏感点，注重修复生态、高效利用生产、施工废弃物。

2）产品差异化

在交通建筑工业化产品的经济运输半径内，企业通过市场分析，选择具备自身特性的目标产品，争取更多的销售和市场份额。在市场中，同质产品处于完全竞争，轻微差异的产品将垄断竞争，差异很大或完全不同的产品则完全垄断市场。目前各地已经建立不少建筑工业化企业，一方市场存在多家供应商，企业需要在细分市场中寻找出不同功能的产品，以性能差异化、功能多样化、概念新颖化占据市场有利地位。

3）整体产品

整体产品的概念包括核心产品、形式产品和附加产品。随着预制施工和起吊安装技术的进度，大跨度、整体式结构越来越多被开发，如预制桥梁整体式墩台。整体式构件能有效减少脚手架搭设，满足用户需求，更好地实现产品价值。

6.1.2 成本策略

1）成本领先

波特认为，企业获得竞争优势只有两条途径，一是成本最低，二是产品和服务具备特色。企业通过高效能的研发、生产、管理、服务来降低成本，以吸引客户，在市场竞争中占据有利地位。1996 年，法国计划建设高速铁路（TGV），在研究了大约 30 种设计理念后发现，最经济可靠的解决方案是预应力预制梁的连续轨道桥。

中小跨径桥梁是交通建筑工业化预制的主要市场，除了成本低的特点外，建设速度快、对现有交通干扰小也是其重要的优势。此外，各地政府对交通建筑工业化产业给予大量的优惠政策，有利于产品的市场发展，通过减免开发和建设费用、土地价格倾斜、高新技术企业补贴、税收优惠、绿色通道等措施，企业可降低产品成本。根据学者研究，成本影响程度从大到小依次是：政策环境、生产效率、装配施工、运营维护、标准化设计、运输管理，相关建议如下：

（1）政策环境

企业应充分考虑气候、自然灾害等不可预见因素造成的工程成本增加，密切关注行业发展政策，积极争取地方优惠措施，在企业规划时就考虑完善产业链，避免缺链导致的成本大幅增加；同时，市场上原材料、劳动力等价格的波动，以及业主支付能力等都会对企业造成很大影响。

（2）生产效率

企业要持续不断地提高生产效率，采用流水生产线，做好生产线选型。加大自动化、智能化设备的应用，提高生产质量、减少人工劳动强度。依据构件形状和特点进行模具设计，提高模具使用率、降低摊销成本，做好施工工艺控制和质量验收。

（3）装配施工

目前，现场施工装配的自动化水平还有待提升，企业应加大智能设备的应用，用机器人替换工人，提高工作效率。例如，机器人可提高预制构件连接处的灌浆工艺水平，降低后期维护成本。此外，企业应根据构件形状选择合适的垂直运输机械，提升构件吊装水平。

（4）运营维护

企业应重视装配式结构服役期的维护管理，以 BIM 平台为基础，及时诊断、预警，做好结构维护。

（5）标准化设计

企业应提高设计的通用性，提高桥梁结构的预制率和装配率，利用 BIM 做好结构深化设计，不断提高设计人员的能力。

（6）运输管理

企业应分析路线中的桥梁限重、涵洞限高，做好运输方案的规划设计，避免重复倒运造成的构件损坏，充分考虑构件尺寸、形状和道路状况，选择专业的物流运输公司。

2）成本领先的优势

产品以较低的成本形成行业壁垒，阻挡了生产技术不熟练、经营管理不善的企业深度挖掘市场。企业所提供产品的成本低，可以降低替代品的威胁，吸引大量客户，在对手毫无利润的价格水平上盈利，扩大市场份额，有效面对行业竞争力量，获取高于行业平均水平的利润。我国的交通建筑行业与土地等核心资源绑定，属地性质突出，而交通建筑工业化产业是对交通行业传统业务的升级改造，严重阻碍了国外大型建设企业进入本地市场，甚至省外企业也存在进入壁垒。

在交通建设行业的红海中，建筑工业化作为一个新产业，拥有很大的增量空间。交通建筑工业化企业在满足地方交通建设发展的过程中，不但要关注体量大、数目多的中小跨径桥梁市场，还要关注大型工程项目，通过市场细分找到自己的比较优势。

3）成本领先的劣势

当竞争对手开发出成本更低的产品时，企业的优势将立刻转变为劣势，失去市场。企业如果不经过产品研发而是通过模仿竞争对手产品，获得的产品成本往往更低，会给竞争对手带来困境。但企业如果一味追求低成本，忽视产品质量、附加功能、用户体验，反而会令其处于劣势。目前生产预制构件的成本高于传统现浇构件的成本，企业应在获取合理利润的基础上定价，并增加构件的耐久性、美观体验，满足用户其他层面的需求。

6.1.3 关系策略

关系策略指企业通过有计划的持续努力，建立并维持与公众之间相互理解与信任的过程。企业应树立以人为本和以使用者为中心的理念，识别客户需求，不断加深合作关系。关系策略的核心在于不断扩大客户群体，仅仅让客户满意并不够，当出现更好的产品供应时，曾经宣称满意的客户就会更换供应商。因此，关系策略的重点和难点是找到客户的特殊需求并给予满足，这种特殊纽带将建立起高度的客户忠诚。对于企业关系维护策略的建议如下：

（1）多渠道打造良好的公众形象

交通建筑工业化企业参与的交通建设项目时间跨度长，使用时间长，无法像制造业产品一样通过铺天盖地的广告来提高公众认知。交通建筑工业化企业一般通过重大事项发布、业绩宣传、政府关注、大型活动策划等活动推广企业品牌和社会形象，提高企业知名度和美誉度。企业结合社会发展关注焦点，比如产业工人升级、减碳降碳、智慧应用、生态环保等问题，开展新闻报道，积极参加公益活动，勇于承担社会责任。工程参与对象有原材料供应商、设计院、政府部门、第三方委托单位等，在关系公关的过程中，企业需要有责任心地对待业务交易，在产品质量、成本效率、社会效应等方面趋于和谐。企业的施工能力、现场管理、工程质量、企业信誉以及人员素质都给关联方留下良好印象，最终通过施工方案、业绩和信誉的综合评比，使企业更容易获得社会青睐。

（2）构建多方共赢的良性关系

预制构件生产企业面临着供应商、竞争者、用户等市场关系，多方关系需要识别、建立和处理，使得企业需要注意沟通和协调，去形成、维持与利益方的关系。生产企业通过分别构建与设计院、建设方、投资方、银行的利益共同体，形成稳定、相互信任和依赖的关系。在企业实现盈利的同时，努力照顾各方目的，实现多方共赢。

6.1.4 服务策略

1）产业服务背景

（1）行业现状

建筑工业化模式将传统现浇施工转变为工业化生产线制造，在传统建造服务业中引入制造业生产模式，制造和服务两者互相增值，最终实现整个建筑工业化产业链乃至交通建筑业的价值提升。制造业的服务模式为交通建筑行业摆脱目前的发展困境提供启示，大型交通建设企业通过业务流程再造，整合企业在投融资开发、项目咨询和工程管理以及工程总承包等方面的优势资源，使企业经营范围向产业链的两端高附加值的服务领域延伸，强化服务功能，提升企业市场竞争层次，拓展利润空间，成为促进交通建筑企业健康发展的新视角。

传统业务中，地方开发平台拥有土地核心资源，与政府紧密关联，具有融资优势，但不具有项目设计、开发、建设和运营的专业团队，无法对项目全寿命周期进行科学有效的管理。地方开发平台需把各项业务分包给不同的企业完成开发，项目开发各阶段彼此脱节，造成大量的信息碎片和孤岛，需要花费大量的沟通协调成本。施工企业具备丰富的项目建设、运营经验，熟悉交通规划、设计、管理、维护的业务，能够提供基于项目全寿命周期的增值服务。同时，随着我国市场经济的发展，我国许多施工企业不断发展壮大，也具备了一定的融资能力，成为传统施工总承包以外新的合作领域，为增值服务提供了市场和机遇。在传统模式中，施工企业与地方开发平台的合作仅局限于施工承包，施工企业往往通过低价竞标的方式获得项目，严重压缩了施工企业的合理利润空间，同时也制约了施工企业在资金、技术、人才、专业经验等方面特长的发挥。因此，研究基于交通建筑工业化产业的增值模式，充分发挥大型施工企业的优势，为企业在开发项目中的主要合作者开发商和其他参与者提供"产品+服务"的全面解决方案，促进施工企业产业链条向价值链两端延伸。同时还可对相关业务流程整合，发挥大型施工企业投融资、工程咨询及项目管理和工程总承包、运营维护等优势资源，在满足产品需求的同时，提供增值服务，以此提升企业核心竞争力，促进行业健康发展。

总之，企业探索"产品＋服务"的交通建筑工业化产业运营模式，是以价值链理论为基础，借鉴制造业服务型制造经营模式，通过对技术、资金和智力资源的整合，向产业链两端的业务拓展，增加企业价值链和客户价值链的增值环节，提升企业的竞争能力和盈利能力。企业通过对交通建筑工业化产业服务的业务流程再造，构建集投融资开发体系、工程咨询及项目管理体系和工程总承包体系为一体的服务型建造业务平台,为客户提供个性化解决方案和项目全寿命周期服务，拓展建筑企业的经营领域及利润空间，提升建筑企业市场竞争力，创新建筑企业经营模式，为促进交通行业的健康发展进行有益的尝试。

（2）探索增值服务的意义

建筑工业化是近年来国家大力发展的生产方式，借鉴制造业的先进经营模式和管理方法，探索新型运营模式，有助于提升企业经营水平，尤其是产业利益共同体背景下，可能对促进行业健康发展有明显的作用。具体表现在：

①有利于促进企业经营模式的转变。建筑业和制造业的生产模式和经营模式具有很大的趋同性，通过对服务模式的研究，把服务型生产制造概念引入交通建筑行业，为交通建筑企业经营模式的转变提供有益的借鉴。

②有利于提升交通建筑企业核心竞争力。随着市场的发展，市场分工进一步细化，单一的产品服务已经不能满足客户的需求，通过服务的业务流程再造，重新整合企业的内部资源，在原有产品制造的基础上，为客户提供建造增值服务，在满足客户需求的同时拓展企业的经营范围和盈利模式，是对提升企业核心竞争力的有益探索。

③有利于产业链中企业合作模式的创新。在传统建设项目中，施工企业作为乙方，话语权很小，限制了企业资金、智力和专业知识优势的发挥，增值服务有助于施工企业在项目全寿命周期与业主开展全面合作，满足了业主在资金、项目

管理等方面的需求，提升了项目效益，同时也确立了施工企业在项目运营过程中的重要作用，拓宽了施工企业与投资开发平台的合作范围。

2）常见业务模式

业主与施工企业是交通建筑工业化产业项目开发过程中的两个主要参与方，传统项目中，业主为节约造价，容易形成项目的质量风险。施工企业仅从事建设承包，赚取极低的利润，一些施工企业为了生存偷工减料，影响了建设工程品质，业主与施工企业长期处于一种对立竞争的环境，不利于交通建设项目的发展。随着经济社会的发展，涌现出一大批资质高、业务能力强的服务型施工企业，这为业主和施工企业创新合作模式的建立创造了条件。服务型施工企业在项目建设过程中的资金优势、技术优势、人力优势、智力优势以及其他资源优势使之有条件也有实力与业主在更广阔的领域开展合作。施工企业可以更早地介入项目开发，与业主在项目融资、合作开发、前期咨询、总承包建设以及后期运营的项目全寿命周期展开合作。新型合作模式有利于提高业主管理效率、降低管理成本、降低和分散项目开发风险。通过与业主多元合作，施工企业能够充分发挥自身资源优势，为项目提供增值服务，摆脱传统的低价竞标的恶性竞争，构建新的项目进入壁垒，获得合理的建设利润，同时开拓利润空间。业主与施工企业产业联动模式的建立也有助于营造良好的市场环境，改变彼此之间的对立竞争为合作竞争，实现项目的增值和利益最大化的共同目标。一般来说，两者合作模式有以下四种：

①项目管理承包模式（PMC），是指由业主通过招标的方式聘请一家有实力的项目管理承包商，承包商与业主签订合同，对工程进行计划、组织、协调和控制，对项目全过程进行集成化管理。项目管理承包模式下施工承包商具体负责项目的实施，包括施工、设备采购以及对分包商的管理。PMC 的费用一般按“工时费用 + 利润 + 奖励”的方式计取。PMC 一般可分为三种类型：一是代表业主管理项目，同时还承担一些外界及公用设施的 EPC 工作；二是代表业主管理项目，同时完成项目一定阶段的所有工作；三是作为业主管理队伍的延伸，负责管理 EPC 承包商而不承担任何 EPC 工作。

②项目管理组模式（PMT），是工程公司和其他项目管理公司的项目管理人员与业主共同组成一个项目管理组（项目经理部），对工程项目进行管理。在这种方式下，工程公司通常只进行项目的宏观管理，将部分工作完全委托给一个或一个以上项目管理承包商完成；或由工程公司指导和控制，由项目管理承包商实施具

体管理工作内容，采用这种模式的工程的进度、费用和质量控制的风险较小。

③EPC 工程总承包模式，是工程总承包商受业主委托，按照合同约定对工程的设计、采购、施工装配（含产品生产）全过程的总承包，并负责试运行。EPC 工程总承包模式的引入，把业主 EPC 的管理风险转移给总承包商，使之在承担更多责任和风险的同时拥有更多的获利机会，增强了总承包商对项目的综合管理，可以实现分承包商高效协同，缩短建设周期，使总承包商着眼于全过程的费用控制，关注每一个经济增长点，最大限度地降低工程总造价。EPC 工程总承包模式又可分为两种类型：EPC（max/c）和 EPC（self-perform construction）。EPC（max/c）是 EPC 总承包商最大限度地选择分承包商来协助完成工程项目，通常采用分包的形式将施工项目分包给分承包商。EPC（self-perform construction）是 EPC 总承包商除选择分承包商完成少量工作外，自己承担工程的设计、采购和施工任务。此外，EPC 模式还可以衍生出设计、采购、施工管理承包，设计、采购、施工监理承包及设计、采购、施工咨询承包等不同形式。

④BT&BOT 工程总承包业务模式，是业主通过公开招标的方式确定建设方，建设方负责项目资金的筹措和工程建设，项目建成竣工验收合格后由业主购回，并由业主向建设方支付回购价款的一种融资建设方式，其实质可以认为是银行资本通过 BT 项目与产业资本的一种结合。BOT（Build-Operation-Transfer）即建设—运营—移交，是业主在缺乏建设资金的情况下利用多元化资金渠道实现大型项目建设，业主将一个建设项目的特许权授予承包商，承包商负责投资并建设项目，并在特许的时间内拥有项目的经营权，通过项目经营取得的收益收回建设和运行成本、偿还债务和获取利润，在特许经营期结束后，将项目所有权移交业主。

从服务主体看，服务型建造是为业主提供项目初始咨询、设计、施工、运营等一体化的服务，所以服务型建造适用于我国具有投融资开发、项目管理、总承包能力的大型建筑企业或建设集团。从市场体制看，服务型建造是在建造的基础上，为业主提供规划咨询等前期服务和后期运营管理等服务，所以服务型建造需要建立在建筑企业与业主的战略联盟的合作伙伴关系之上，这样关乎双方利益，为他们在产业链两端顺利开展服务提供便利。从服务对象看，服务型建造是以满足业主需求为目标的，在为客户提供建造服务的基础上，建筑企业与开发商在前期开发业务和后期运营管理业务上展开合作，达到全寿命周期的增值服务。

以浙江省某大型施工企业为例，近年来，该企业借助自身省级平台优势和已有经验，与各地投资平台组建了利益共同体，具体形式有联合体、股权合作、并购收购、项目合作等方式。具体优势在于：

（1）有利于利益共同体的参与方各自发挥资源优势，从不同层面推进交通建筑工业化产业发展，产生1＋1＞2的效果。企业能获得更多的项目，为项目提供更全面的服务，使其市场影响力扩大。参与方借助合作机制，提高自身竞争力，共享先进技术，快速带来科技创新。以标准化为基础的交通建筑工业化，最终利润增长依靠项目规模和数量，多个企业构成的联合体有利于承接大型项目，加速产业转型升级，可以实现股东参与方最大范围的合作，在交通建筑工业化产业以及延伸产业上达到共赢。施工企业与设计院、地方投资平台、构件生产商、原材料生产企业合作，构建综合交通产业生态圈。不同行业平台的合作，进一步减少交通建筑工业化产业交易成本，提高管理效率，改变传统交通行业的管理模式。产业发展前期需要大量的资金投入，多平台的加入让后期融资、贷款变得容易，进一步增加股东方的收益。交通建筑工业化需要从国家到地方、从上到下推广，行业内多层次多平台的加入，能以最快的速度将新理念、新模式、新业态、新技术推广至地方，增强地方平台造血功能，提供就业机会，推动地方产业转型升级。由于合作内容的多种可能性，一次合作成功后，合作方会更愿意以同样合作模式迅速延伸至其他产业，丰富建筑工业化产业内容，非常有利于建筑工业化企业的属地化深耕。合作方之间不断加深的信任也会促进产业良性发展，减少风险，为行业高质量发展提供保障。

（2）“产品＋服务”为建筑产业延长产业链提供可能，促进产业可持续发展。传统交通建筑行业中，设计、施工、维护、运营等平台作用只存在于最终产品的一个短期阶段，企业获得对应阶段收益。在微笑价值曲线上，预制构件生产是整个产业链中附加值最低的一环，两端的产品研发、销售、维护才具有更高的附加值。“产品＋服务”是每个功能平台统一起来在项目产业链上开展全面服务，促使项目全寿命周期的长期合作。“产品＋服务”的结合，将赋予传统预制构件生产活动更多、更高的服务价值，转变产业获益模式，提高参与企业竞争力，也更容易实现参与方价值共赢。最后，也会使产品增值主要依靠智慧劳动，包括构件标准化设计、创新研发、维修保养、运营管理、市场销售、品牌形象树立等。这些服务大多是与个体特性紧密相关的，带来的满意体验也不同，但正是个性化体验赋予了产业新的核心竞争力。

3）全寿命周期的综合服务模式

随着经济的发展，一些具有多种高等级资质，并且具备一定项目咨询、管理和融资实力的大型交通建筑企业迅速成长起来，有能力根据客户需求，在项目开发全寿命周期各个阶段向开发商提供包括融资、担保、咨询、策划和项目管理等一系列服务，与开发商在项目全寿命周期开展各类综合业务联动服务，这为交通建筑工业化产业开拓了崭新的合作领域。

交通建筑企业通过自身投融资开发平台，为产业开发嫁接资源，引导产业资本和金融资本的对接及各种资源的合理配置。随着交通建筑企业自身经济规模的扩大，市场信誉的提升，企业在从事传统建筑施工管理的同时，与境内外金融机构和担保机构展开合作，构建了自己的融资平台和担保体系。交通建筑企业可以运用自身的融资能力与房地产开发商进行互动合作，一方面，交通建筑企业可以利用其融资实力帮助开发商拓展融资渠道，在房地产项目开发过程中，有实力凭借自有资金缴纳土地出让金与拆迁款、取得“四证”、达到银行贷款条件的企业只占少数，很多房地产开发企业在缴纳部分土地出让金后就面临着资金短缺问题，企业可在开发商获得土地使用证后通过抵押担保，帮助开发商获得项目达到申请银行开发贷款所要求的资本金要求，即帮助开发商进行“过桥融资”；另一方面，对于一部分社会效益好、现金流大、资金回流快的项目，企业可以考虑与开发商携手进行联合开发。

近年来，交通工程建设领域投资主体的多元化发展，国家投资体制的改革，对咨询管理业务格局产生了重大的影响；国有资产监管机制的强化对工程管理模式提出了新的要求。针对这一现状，交通建筑工业化企业可通过自身专业优势，为房地产开发商提供项目咨询或作为房地产开发商的“外脑”协助其进行项目管理。其具体服务分为如下四个阶段：一是在调查评估阶段，交通建筑工业化企业协助开发商完成建设费用的估算，以及对产业内容、草图、工程选址的评价；二是在规划和可行性研究阶段，交通建筑工业化企业结合工程实践提出工程可能出现的问题并给出最经济的解决方案；三是在工程设计阶段，交通建筑工业化企业协助设计方把前期的纲要和草图转化成详细的工作图纸和规格，使设计更符合工程实际；四是在施工协调阶段，交通建筑工业化企业作为开发商的代理人，要准备各种合同文本，对各项施工投标书进行客观评价，在施工监理中要不断掌握进度，检验采购来的材料与设备，检查承包商的施工图、操作图，规定测试程序，研究批准工程修改，检定各项费用及支付，监督最后测试和检查，准备图纸档案等。

交通建筑工业化企业咨询的介入有着其他咨询企业不具备的专业优势，能够使项目从构想阶段开始即与工程实践紧密结合在一起，使项目的可操作性更强，有利于节省变更成本，降低工程风险。同时，交通建筑工业化企业从事项目咨询也有利于其争取项目机会，从源头上把握项目。

4）其他业务合作模式

广义的建筑工业化产业涵盖了建筑产品的生产以及与建筑生产有关的所有服务内容，包括规划、勘察、设计、建筑材料与成品及半成品的生产施工及装配、建成结构的运营维护及管理，以及相关的咨询和中介服务等。国际上目前流行的工程项目组织实施方式是工程总承包，我国的建筑市场也正趋向这个方向，逐渐改变施工企业只做施工承包的模式。在进行工程总承包的基础上，服务型建造企业为业主提供项目管理增值服务，利用服务型建造企业的优势资源，代替业主对项目开发过程进行管理与协调，减少业主的资源投入与管理界面，提升项目开发效率。在建筑工业化项目开发过程中，涉及的参与方较多，主要包括开发企业、咨询机构、施工承包商、勘察设计单位、专业承包商、劳务承包商、材料设备供应商等，在建设过程中，各方信息交流较大、关系较为复杂，保持与各方的协调沟通能力，将有助于项目的实施。服务型建造企业在与业主签订工程总承包的同时，可以为业主提供项目管理服务，由服务型建造企业代替业主负责项目各参与单位的组织、管理和协调，这样可以减轻开发商的管理组织负担。从运作过程与管理流程上看，项目参与成员之间的沟通与协调以及整体项目管理呈现为一种协同式的运作过程，整个体系运作以需求为导向，通过团队协作协同管理。

开发商与服务型建造企业签订总承包合同与项目管理代理合同，减少开发商的直接管理界面，可以降低开发商的管理成本、组织成本和协调成本，减少开发商在项目建设过程中的风险。

交通建筑工业化企业向开发商负责对项目进行综合管理，使项目的方案能够面向运营、设计面向施工，做好协调和控制以保证项目的全寿命周期目标。交通建筑工业化企业与其他企业进行垂直方向和水平方向的联合，垂直方向上的联合主要是上下游企业之间的联合，如与设计、分包、材料设备供应企业以及劳务方等进行的合作，合作形式主要有形成供应链、分包和插入兼容等；水平方向上的合作主要是和竞争对手或优势互补企业之间的联合以增强大型工程项目的实施能力，以降低风险，合作形式主要有组成投标联合体、联营体及以项目为依托的联合研发中心等。交通建筑工业化企业通过计划、组织、指挥、控制、协调管理职能，将一系列相互关联的因素、环节、经济活动单位组成具有特定功能的有机整体。

综上，在交通建筑工业化企业项目中引入服务型建造模式，一方面可以促成开发商与服务型建造企业基于工程总承包合同上的产业联动，使开发整个过程形成一个统一的整体，充分整合开发商与服务型建造企业的资源、技术优势，使项目开发能够敏捷地响应业主的需求，并且减少中间环节可能带来的沟通障碍、信息孤岛等对项目的不利影响，降低项目的开发成本和风险，提升项目的综合效益。另一方面，可以充分发挥服务型建造企业在项目建造过程中的人力资源和技术资源优势对项目进行管理，由服务型建造企业与其他参与单位构成协作团队，整合团队内部资源，在团队内部进行有效的沟通和管理，整合建筑行业内传统的设计、施工、采购等相对独立的管理方式，协调项目设计至建设阶段的管理界面和技术界面，大大降低后期业主需求变动或设计变更等不确定因素的影响，减少工程索赔问题。由于开发商和服务型建造企业在建设过程中形成了有效联动以及各参与方之间的有效沟通和资源整合，最终将提高项目建造过程的敏捷性，降低项目开发成本，分散项目开发风险，提高项目的综合效益。

6.2 产业多元化发展

许多成熟的企业，为了寻求更高的利润，往往会在收益最高的产业上做深、做细，以发掘更多潜在的利润点，提高核心竞争力，甚至抛弃收益较低的产业，缩小经营范围。但是，对于新产业，多元化经营则是主导发展形式。2016年，国家大力发展装配式建筑以来，预制构件生产企业的数量急剧增多，但是各地产业发展配套政策缺乏，构件设计标准化程度不高，致使成本居高不下，预制构件还不能像水泥、砌块一样在市场上流通。建筑工业化企业在地方成立后，缺乏长期项目支撑，产品难以打开当地市场，企业运营举步维艰，需要采取多种措施推动产业多元化发展。多元化产业发展的优势在于以下三个方面：

（1）有效降低生产成本。建筑工业化产业内容在大多数地方仅仅局限于装配式预制构件，但仅仅依靠装配式预制构件（混凝土、钢结构、其他新型建材）的生产等有限的经营范围并不利于产业拓展。由于竞争企业产品单一且匮乏，产品质量高、服务好的企业就能够更快进入预制构件相关产品领域，迅速建立起优势，带动其他相关产业发展，建筑工业化预制构件居高不下的成本也会被分摊在相关产业，某企业预制构件成本构成见表 6-1。砂石料是预制构件生产必需的原材料，常常作为多元化产业拓展。根据调查，绍兴市汤浦水库西岙口中转场砂石统料拍卖成交价为 37.33 元/t，以加工成本 30 元/t、运输成本 28 元/t（40km 运距范围）计算，与目前市场价 135 元/t 相比，砂石料成本可节约 30%。

某企业预制构件成本构成（单位：元/m³） 表 6-1

序号	项目名称	箱梁价格	立柱价格	盖梁价格	备 注
1	固定摊销	457	551.8	551.8	含场地租金 2000 万元/年、设备摊销、管理人员工资、日常开支等
2	梁板材料和制作成本	2677	2325	2473	包括主材、辅材、模板、预埋件、人工费等
3	资金成本	42	62.5	62.5	垫资资金成本
4	不含税成本价	3176	2939	3087	
5	计划不含税售价	3383	3233	3396	毛利润考虑，箱梁按 6.5%计算，立柱、盖梁按 10%计算
6	含税售价	3823	3654	3838	按 13%增值税计算

（2）有利于分散经营活动的风险，弥补市场缺陷。目前处于交通建筑工业化产业发展的初期，预制构件在标准化等方面有着极大的变数，相比于其他成熟的建筑行业，交通建筑工业化产业当前处于一个较大的经营风险中，因此，不只是一些地方政策补充了交通新材料作为产业发展的内容，其他可能涉及的行业也需要承担风险。

（3）降低交易成本。原材料供应历来是影响建筑产业正常运转的最主要因素，包括能否及时保障供应、质量问题、交易和沟通成本。此外，很多建筑供应商往往存在垄断优势，即使是合作企业，但仍不能保证原材料质量和供货时间。企业应根据实际情况，向产业链上下游拓展，进行多元化经营，把大量市场交易内部化，以此降低成本，取得竞争优势。建筑工业化产业处于发展初级阶段、市场不完善，其良性发展需要多元化产业完善，与其坐等待毙，不如自寻出路。

6.3 轻资产运营探索

6.3.1 轻资产运营概念

轻资产运营理论首次由麦肯锡咨询管理公司提出。传统交通建筑行业发展至今，企业的利润已经非常低，生存空间非常狭小，这使得轻资产运营模式的探索变得有价值，尤其是在交通建筑工业化新产业中采用轻资产运营模式，很有可能赋予传统建筑业新的利润增长点。一般来说，重资产包括土地、设备、厂房等固定资产，轻资产包括科技创新、人力、项目管控能力、渠道资源等。一些学者认为，企业首先需要明确核心竞争力，在轻资产运营模式下，企业将具有核心竞争力的部分保留，非核心部分以外包等方式弥补完善，企业仍具有完善的产业链，但只执行最重要的部分功能，以最少的资本投入获得最大的收益。还有一些学者认为，轻资产运营模式主要依据科技创新和运营管理作为智慧资本，通过合理的人力资源调配实现企业盈利显著增长。此时智慧资本成为产业运营的“杠杆”，企业利用杠杆将获得比常规情况更多的话语权和收益。轻资产运营更偏重“脑力”，重资产“体力”和“财力”。

很多交通建筑工业化产业在前期大量购买土地、购置先进生产线、采用高标准的规范开展生产，直接导致产品成本居高不下，投资热度过后，正常的企业生产运营难以继续。开业很热闹，投产很冷清，运营很惨淡。在目前的社会环境下，交通建筑工业化发展需要较多的技术创新、运营开发模式创新、产业内容的创新和重组，具备轻资产运营的条件。“轻”装前行，企业将有更多的资源提升“软实力”，与时俱进，减少交通建筑工业化新产业的经营风险，确保产业高质量发展。

6.3.2 轻资产运营模式

在交通建筑工业化产业中，轻资产有平台合作模式、可调动社会资源、组织管理制度、信息化管理、人力资源，以及科技创新能力如工法专利、标准规范等。

（1）平台合作模式与可调用资源

根据相关合作方的资源优势，企业一般采用股权投资的形式合作成立有限责任公司。在建筑工业化平台设立前，由协议、章程明确股东方的义务和权利。股东方同股同权同责，以认缴的出资额为限，对公司承担有限责任，通过杠杆效应降低自身风险。垄断性、独有技术也会成为合作的基础，但技术的稀缺性和价值需要进行专业评估。项目运营管控能力是很重要的一项软实力，很多传统企业长期形成的一套管理方式，以高效的管理效率和有力的执行方式形成自身独有的管理能力，令其他企业难以复制，成为自身的核心竞争力。

（2）组织管理制度与信息化管理

轻资产运营模式要求管理流程高度整合、优化，以减少流程、节约时间、提高组织运作效率。一是明确管理中的关键节点，围绕关键节点优化整个流程；二是提高关键节点的解决效率，减少次要节点的人力物力消耗，优化企业内部运作机制；三是利用合适的信息化手段，提高信息收集、分析判断、决策发布的效率。

（3）科技创新

当前处于交通建筑工业化产业发展初级阶段，预制构件标准化设计规范不完善，预制生产的工艺流程主要依赖人工，自动化程度不高，还远远达不到智能化生产的水平。同时，构件安装和传统工艺接近，只是构件预制的场所从施工现场挪到了集中生产企业，信息化管理程度很低，数据收集结果分散，还不能有效汇集，更谈不上高效决策。建筑工业化新产业迫切需要大量的技术创新，以及对传统工艺流程的整合，以新技术、新工艺、新设备、新模式推动传统行业更新迭代。其中，标准化是交通建筑工业化科技创新的核心。标准化作为交通建筑工业化产业的依据，是行业发展的基础，目前标准化工作已被上升到国家战略高度，是实现行业体系和交通建筑产业现代化的重要工具。

附 录

浙江省交通建筑工业化产业政策汇编

附录1 《浙江省综合交通产业发展实施意见》

为落实省政府“富民强省十大行动计划”，按照《浙江省综合交通产业发展规划》（浙政办发〔2018〕18号）总体要求，聚焦“新技术、新产品、新模式、新业态”（以下简称“四新”），培育我省综合交通产业发展新优势、新动能，提出以下实施意见：

一、积极培育高端交通建筑业

1. 支持省内建筑企业拓展交通建筑市场。依托杭州、宁波、绍兴等建筑强市，启动开展试点示范，在年度建设项目计划中，明确一定数量的重大基础设施建设项目和标段，鼓励省内骨干建筑企业采用联合体投标方式参与轨道交通、桥梁隧道、综合管廊等重大基础设施建设，着力提升交通建筑在我省建筑业中的比重。

支持省内建筑企业“走出去”，积极拓展“一带一路”沿线国家地区等海外交通建筑市场。鼓励各建筑强市（县）设立对外承包工程风险专项基金，解决企业开具投标、履约、预付款保函担保问题。

2. 创新交通建筑企业资质资格管理。建立市政公用工程和公路工程等领域业绩互认机制，对以房屋建筑为主的省内骨干建筑企业申请市政、公路等基础设施领域施工总承包二级资质给予绿色通道支持。在基础设施建设领域，试行“业绩跟人走”，支持我省具有良好信用，能够提供足额担保，且专业技术人员具有相关工程业绩的企业参与相应项目建设。积极推进公路、港口与航道等交通领域施工总承包资质告知承诺审批试点。加快交通领域工程总承包先行先试，鼓励有条件的地区积极推行工程总承包模式。（责任单位：省建设厅、省交通运输厅、省发展改革委）

3. 支持交通建筑工业化发展。制订出台《浙江省交通建筑工业化发展指导意见》，明确各地新建桥梁、隧道、综合管廊等交通基础设施项目中预制构件使用的约束性指标要求，并纳入全省绿色建筑和建筑工业化发展统一考核。强化全省统筹布局和规划建设，依托重大交通项目，建设一批省级交通建筑工业化示范基地。对列入省级示范的交通建筑工业化基地，优先纳入省重点项目和省重大产业项目，在用地指标方面予以倾斜。编制出台全省统一的交通工程标准化设计图集，建立省公路水运工程标准构件认证产品目录。在运输条件良好地区的新建交通项目可行性研究报告和初步设计中，须对预制构件标准化设计、工厂化生产和装配式施工的可行性、合理性、经济性进行分析论证。支持“桥梁隧道工业化浙江省工程研究中心”等技术创新平台建设，提升标准预制构件研发创新能力。支持交通新材料产业发展。

二、加快发展航空产业和临空经济

4. 加大民航强省建设的专项资金支持。贯彻落实民航强省建设的若干意见，将通用机场建设纳入省交通运输发展专项资金支持范围，根据各地通用机场建设情况进行以奖代补。加大对国际及地区航线开发的补贴扶持力度，鼓励更多国内外航空公司在我省新开国际航班。（责任单位：省财政厅、省发展改革委、省交通运输厅、民航浙江安全监管局、省机场集团）

5. 扶持培育航空产业。高水平建设舟山、杭州、宁波、温州、绍兴等一批航空产业园，推进波音737飞机完工和交付中心等项目尽快投产，加快布局轻型运动飞机、民用直升机、无人机等通用飞机整机制造项目。各地要制订针对性政策，在财税、土地等方面加大对通用飞机研制和引进的扶持。

6. 支持临空经济发展。加快杭州、宁波国家级临空经济示范区建设，支持创建温州国家临空经济示范区。培育一批航空特色小镇，集聚发展航空先进制造、航空物流、跨境电商等临空型产业。理顺临空经济示范区建设的管理体制，探索创新杭州临空经济投资开发模式，打造“产城融合”示范区。（责任单位：省发展改革委、省机场集团，相关设区市政府）

三、培育壮大轨道交通产业

7. 支持轨道交通产业“四新”培育。统筹优化全省轨道交通产业平台布局，鼓励发展新型轨道交通整车制造示范园区，对落户示范园区的行业领军企业、补链强链重大项目，可按照“一事一议”的原则给予政策扶持。支持重大关键共性技术研发攻关，推进企业技术研发平台、重点实验室、认证检测及标准体系等建设。

支持建设磁悬浮、单轨、有轨电车等新型轨道交通试验线，对拥有自主知识产权的轨道交通新产品在省内先试先用。创新“私募股权投资＋上市公司”模式，培育一批轨道交通上市公司，支持其成为代表浙江参与国内外市场竞争的行业领军企业。

8. 建立全省轨道交通装备产品认证体系。支持由省交通集团牵头，联合中铁检验认证中心、浙江大学等相关单位，成立省轨道交通装备产品认证中心，重点开展省内铁路、城市轨道装备产品认证和检测，争取纳入国家认证机构目录。建立认证产品目录，鼓励将认证结果应用于供应商质量信用评价、首台套认定、招投标采购、工程建设监督和验收等环节。强化与中车南京浦镇车辆有限公司（以下简称“中车浦镇”）、中车株洲电机有限公司（以下简称“中车株机”）、成都市新筑路桥机械股份有限公司（以下简称“新筑股份”）等整车制造龙头企业对接，积极推动省内供应商与整车企业开展对接合作，支持供应商本地化发展。

9. 加强轨道交通统一运营管理。制定全省统一的轨道交通运营标准规范和规章制度，重点在运营模式、组织管理、激励考核等方面开展创新实践。优先将地方政府投资或省内国有资金控股的市域市郊铁路、都市圈城际铁路项目纳入统一运营，按照市场化模式推进杭海城际、温州市域S1线等项目先期开展试点，积极总结推广试点经验。协同推进沿线资源综合开发，研究可持续的轨道交通建设运营模式。

四、大力发展智能化数字化交通产业

10. 推进智慧高速公路网建设。高标准打造杭绍甬智慧高速，为未来高速公路建设树立标杆；加快实施沪杭甬高速公路智慧改造，为高速公路智慧化改造升级做出示范；依托杭州绕城高速公路西复线项目深入开展基础设施数字化、基于大数据的路网综合管理、新一代国家交通控制网等领域先行先试，到2022年基本建成杭州湾智慧高速公路网。研究制订智慧高速公路建设标准规范，推进市场化灵活收费机制研究。

11. 支持打造智能网联汽车研发创新平台。加快杭州、宁波智能网联汽车测试基地建设，出台我省道路测试管理规范，支持开展安全辅助驾驶、车路协同等技术应用的封闭和开放测试。推动战略性新兴产业专项、产业转型升级专项、科研计划等现有政策向智能网联汽车产业聚焦，对产业重大科技攻关、平台建设和示范应用等项目给予重点支持。大力支持新能源智能网联物流车发展，打造具有全国影响力的研发制造基地。

12. 支持综合交通大数据产业发展。围绕数字经济“一号工程”建设，做实省综合交通大数据中心，推进交通大数据资源深度开发和挖掘。支持“城市大脑”建设，培育壮大城市智慧交通服务业。加快建立综合交通智慧云平台，制定全省统一的交通数据共享交换及应用规范。支持交通大数据众创空间发展，打造“互联网+”交通运输创新创业平台。

五、提升发展现代物流业

13. 加快“四港联动”和多式联运发展。实施宁波舟山港新一轮降费提效行动，减少通关时间、降低通关费用，做强高端航运服务业，加快建成运输效率最高、服务质量最优的国际强港。

组建中欧班列物流联盟，制订出台专项扶持政策，打造全省统一的中欧班列品牌，努力成为我国运营效益最好、市场化程度最高、竞争力最强的中欧班列。深入开展宁波市关于扶持海铁联运发展相关政策的绩效评价，鼓励各地出台扶持政策。落实加快海河联运发展若干意见，建设嘉兴港海河联运综合枢纽。研究制订江海联运直达运输扶持政策，支持研发应用江海直达新船型。

14. 培育壮大快递和航空物流业。支持国际、国内知名快递企业在我省落户和布局企业总部、全国性区域总部、全国或区域性服务功能设施，鼓励重点快递企业通过自建、合作、并购、设立公共海外仓等方式，拓展海外市场。推进发展“互联网+”快递，支持电子世界贸易平台（eWTP）试验区建设。支持嘉兴市政府与圆通速递股份有限公司（以下简称“圆通集团”）合作打造全球性航空物流枢纽，谋划建设衢州等区域性航空物流枢纽，培育壮大本土航空物流领军企业。

六、有序推进交通关联服务业

15. 扶持交通金融和交通旅游发展。培育专业化综合交通产业投融资服务商，鼓励保险企业创新开展交通基础设施巨灾保险等业务。制订专项扶持政策，支持中国（浙江）自贸试验区飞机融资租赁产业发展。争取中国（浙江）自贸试验区融资租赁企业外债便利化试点，拓宽企业融资规模。鼓励企业主动对接资本市场，采取并购、联合、控股等方式实施资产重组。建设综合交通旅游信息服务平台，培育一批一站式综合出行服务商，推进车票、船票、门票等跨区（市）域、跨运输方式的一体化预订和结算。推进移动支付、无感支付在全省交通旅游领域全面应用。支持“四好农村路”和“万里绿道网”建设，鼓励开发房车、游艇、邮轮、水上飞机等特色旅游产品。（责任单位：省地方金融监督管理局、省文化和旅游厅、省交通运输厅、省财政厅、国家外汇管理局浙江分局，相关设区市政府）

16. 推动交通资源综合开发利用。加快杭州西站、萧山机场、宁波西站等综合交通枢纽建设，推广应用“轨道＋物业”等以交通引导土地综合开发模式。创新“服务区+”“互通+”模式，围绕高速公路服务区、互通区拓展商贸展示、物流集散、仓储配送等综合服务功能，支持高速公路物流服务网络建设。统筹推进普通公路服务站等设施建设，加快乡村振兴和城乡融合发展。支持交通资讯传媒统筹开发利用，培育交通新媒体产业。

七、聚焦“四新”着力打造五大载体

17. 建设一批“四新”产业平台。依托杭州、宁波、绍兴、台州、金义都市区等地产业基础优势，推动综合交通产业链式发展，打造综合交通产业主平台。针对轨道交通装备、航空产业和临空经济、交通建筑工业化等重点领域，创建省级综合交通产业示范园区。聚焦航空产业和临空经济、高端交通装备制造、现代物流、智慧交通等领域，创建一批省级、国家级特色小镇。聚焦无人驾驶、智能网联汽车、智慧高速等前沿领域，创建一批国家级、省级工程实验室（工程研究中心）、重点实验室（工程技术研究中心）及产业创新中心，加大交通科技研发和成果转化扶持力度。高标准举办浙江国际智慧交通产业博览会，做强产业博览会品牌，构建企业展示、交流、合作平台。

18. 培育一批“四新”领军企业。加大对本土综合交通产业相关企业的扶持，在轨道交通、航空、交通建筑、智慧交通、现代物流等领域培育一批代表浙江参与全国乃至全球竞争的综合交通产业龙头企业和隐形冠军企业。

19. 实施一批“四新”重大项目。按照《浙江省重大产业项目申报及奖励管理办法》等相关规定，综合交通产业项目实行分类申报，纳入省重大产业项目统一管理。建立综合交通产业重大项目子库，对入库项目同等条件下优先给予用地计划指标奖励。

20. 打造一批“四新”金融平台。支持以省交通集团、省海港集团、省机场集团作为发起人，积极引入省级政府股权投资基金，吸引各类社会资本、金融资本，共同设立省级综合交通产业发展专项基金。基金实行市场化运作，重点投向轨道交通、航空、智慧交通、飞机融资租赁等综合交通“四新”重大产业项目。发挥财政专项资金引导作用，支持综合交通产业领域项目申报重大科技专项。各地结合自身实际，制订产业培育行动计划和针对性扶持政策，在示范园区培育和建设中给予适当倾斜。

21. 引进培育一批“四新”专业人才。支持省交通职业技术学院创建本科院校，鼓励省内大专院校增设轨道交通、航空、现代物流、智慧交通等相关专业，联合相关企业建立综合交通专业人才实训基地。积极争取国内外知名院校到我省设立分支机构或合作办学，提高我省综合交通产业人才培养能力。加大综合交通产业高端人才引进扶持力度，落实高端人才个人所得税减免、人才公寓安置等相关政策。

八、建立健全产业培育工作推进机制

22. 完善全省综合交通产业培育协调机制。在省综合交通改革与发展领导小组框架下，成立省综合交通产业培育工作组及办公室（以下简称“产业办”），牵头负责产业培育的统筹协调、体制机制建立和政策制订等；具体由省发展改革委负责航空、轨道交通等新兴产业培育，省经信厅负责交通装备制造业培育，省建设厅负责交通建筑业培育，省交通运输厅负责交通运输及相关交通服务业培育，省统计局负责统计体系建立和实施，领导小组其他成员单位结合自身职能，落实相关工作并强化要素保障；省交通集团、省海港集团、省机场集团要发挥产业培育的主力军作用；省综交办抽调精干力量落实人员保障，省发展规划研究院等提供技术支撑；各地要建立相应机制，切实强化组织保障，积极制订配套政策，狠抓各项任务落实。

23. 建立综合交通产业考核督查机制。将综合交通产业培育工作纳入综合交通考核年度重点内容，制订综合交通产业发展年度工作计划，明确责任分工。结合省综合交通建设“十百千”督查开展协调服务，定期通报工作进展情况，强化考核结果应用。

24. 健全综合交通产业统计监测体系。参照我省“八大万亿”产业经验做法，将综合交通产业纳入常规统计体系，完善全省综合交通产业统计制度。加强规划实施情况的统计监测和跟踪分析，定期制订并发布综合交通产业年度发展报告。

附录2 中共浙江省委 浙江省人民政府关于深入贯彻《交通强国建设纲要》建设高水平交通强省的实施意见

为深入贯彻落实中共中央、国务院印发的《交通强国建设纲要》精神，结合浙江实际，加快建设高水平交通强省，现提出如下实施意见。

一、总体要求

（一）指导思想。以习近平新时代中国特色社会主义思想为指导，深入贯彻党的十九大精神，牢记“三个地”政治责任和使命担当，牢牢把握交通“先行官”定位，全力推进交通强国建设试点，推动交通发展由追求速度规模向更加注重质量效益转变，由各种交通方式相对独立发展向更加注重一体化融合发展转变，由依靠传统要素驱动向更加注重创新驱动转变，构建安全、便捷、高效、绿色、经济的现代化综合交通体系，建成基础设施强、运输服务强、创新动能强、治理能力强、支撑带动强的高水平交通强省，为我省高水平推进社会主义现代化建设、努力成为新时代全面展示中国特色社会主义制度优越性的重要窗口提供坚强支撑。

（二）基本原则。

——紧扣重大战略。贯彻落实“一带一路”倡议和长江经济带、长三角一体化发展、军民融合发展及“四大建设”等重大战略，发挥交通战略性、基础性、先导性作用，全方位走在前列。

——彰显浙江特色。充分发挥港通天下、数字浙江、城乡均衡、体制机制等优势，统筹铁路、轨道、公路、港航、航空、管道、邮政、枢纽、绿道等综合交通布局，引领空间格局优化和要素资源集聚，全面增强综合竞争力。

——聚焦改革创新。以“最多跑一次”改革为引领，坚持改革攻坚与创新驱动、做大规模与做强实力、优化存量与拓展增量、设施提升与治理提效并重，全面实现交通高质量发展。

——发展智慧交通。瞄准未来交通，强化“整体智治”理念，推动智慧应用，为群众出行、行业治理、政府决策提供数字化支撑。

——服务产业发展。遵循产业发展规律，打通交通网络，促进物质流、能源流、信息流高效配置，实现交通与经济社会深度融合发展。

——打造品质交通。坚持以人民为中心，提高交通出行效率，提升服务品质，培育交通文明，着力增强人民群众获得感、幸福感、安全感。

（三）发展目标。到 2025 年，高质量完成交通强国建设试点，综合立体交通网更趋完善，基本建成省域、市域、城区 3 个“1h 交通圈”，世界一流强港、智慧高速公路、高水平“四好农村路”建设和“四港”联动发展等取得可复制推广经验，“1210”交通强省行动计划全面完成。

到 2035 年，基本建成高水平交通强省，形成高质量竞争力现代化的交通基础设施、运输服务和治理体系，实现人民满意、保障有力、世界前列的目标（以下各量化指标均为到 2035 年目标数）。

——人民满意。基本实现综合客运枢纽平均 5min 换乘、建制村 10min 到公交站、乡镇 15min 上高速公路（普通国省道）、设区市中心城区 30min 进机场和高铁站。大中城市中心城区绿色出行比例达到 90%，道路交通万车死亡率降至发达国家水平。

——保障有力。衔接国际国内运输网络、连通省内重要经济节点的综合交通大动脉和杭州、宁波—舟山、温州、金华—义乌全国性综合枢纽全面建成。综合交通线网规模达到 16.8 万 km，高速公路基本覆盖 10 万人口以上城镇；市市通高铁、县县通铁路和通用机场；港口货物、集装箱吞吐能力达到 20 亿 t、5000 万标箱，万吨级以上泊位超 420 个，实现内河千吨级航道各市全覆盖；机场旅客、货邮吞吐能力达到 1.9 亿人次、470 万 t，建成千万级民用机场 4 个；建成千万件级快递分拣中心 10 个以上；油气管网覆盖县级节点；基本实现交通治理体系和治理能力现代化。

——世界前列。建成世界一流强港、现代化内河航运体系、世界领先的轨道交通体系、引领全球的智慧高速公路体系，成为长三角世界级机场群的南翼，实现“四港”高效联动，成为物流成本最低、交通效率最高的省份之一。智慧交通、快递物流、美丽交通走廊、综合交通产业、交通综合运行效益走在世界前列。

到本世纪中叶，全面建成高水平交通强省。基础设施水平、综合运输能力、现代化治理体系世界领先，全方位支撑高水平建设社会主义现代化。

二、主要任务

（一）完善综合交通网络布局。构建综合立体交通网络，完善多层次网络布局，打造发达的快速网、完善的干线网、广泛的基础网。协同建设长三角一体化综合交通体系，完善四大都市区交通布局，推动一体化发展区域建立更加紧密的交通网络。提升城市综合交通网络能级，完善农村交通基础设施网。加强综合交通规划与国土空间、环境保护规划衔接，实现“多规合一”。

（二）打造世界一流强港。立足港口资源优势，完善港口布局。强化宁波舟山港龙头地位，形成高水平一体化运行体制，货物吞吐量保持世界首位、集装箱吞吐量保持世界前三位，国际航运中心发展指数位居全球前列，港口综合服务和辐射带动能力世界领先。建成一批 30 万吨级以上泊位、千万级集装箱港区和智能化码头集群。打造国际油品储运基地和液化天然气（LNG）登陆中心，大宗物资储运能力居世界前列，船舶保税燃油加注量跻身全球前五位。探索建立舟山自由贸易港区。大力发展航运金融保险、国际海事、贸易交易等航运高端服务，集聚世界著名航运企业区域总部，打造高能级航运服务平台，推进港产城融合发展。健全港口集疏运体系。统筹沿海港口资源，联动内河港和义乌陆港。

（三）补强客货并重、能力充分的干线铁路网。构建大容量、高效率的客运铁路网，快速铁路里程达到 4100km。强化与国家高铁网、长三角轨道交通网衔接。优化完善沪昆通道，提升京沪（杭）通道能力，畅通沿海高铁通道。推进沪杭磁悬浮系统建设。完善省内主干通道，填补路网空白。实施普速铁路通勤化改造。优化大湾区货运铁路网，打通港口集疏运主通道，推动城市内铁路外移，实现铁路支线或专用线覆盖主要港区和物流园区。

（四）建成层次分明、功能相适的现代公路网。建成外联内畅、通达快捷的高速公路网，总里程达到 7600km。完善沪甬、沪舟甬、沪宁浙赣等省际通道，扩容义甬舟、沿海等省内大流量通道，加密都市区环线，强化与城市路网的衔接。建成布局均衡、衔接高效的普通国省道网，总里程达到 1.4 万 km，陆上每个县域形成 2 条以上普通国省道，覆盖省级中心镇。建成广泛覆盖、通村达组的高水平“四好农村路”，总里程达到 11.7 万 km，基本实现自然村通等级公路、有条件建制村通双车道公路。

（五）形成干支衔接、通江达海的内河航运网。聚焦通瓶颈、提等级、强融合，实施内河水运复兴计划，国家级高等级航道总里程达到 1600km，实现各市三层集装箱船舶通江达海。打通京杭运河浙江段、杭甬运河、浙北集装箱运输主通道等瓶颈，主干航道达到千吨级以上。主要航运节点建成复线通航设施，实现钱塘江中上游、杭甬运河、京杭运河等沿线船闸联合调度。谋划推进新安江复航、浙赣运河等项目，拓展省际航运通道。促进内河水运转型发展。

（六）建设多级协同、辐射全球的航空服务网。加快民航强省建设，编制“空地一体”航空规划，建成 9 个运输机场和 60 个以上 A 类通用机场。支持杭州萧山国际机场成为亿人次级国际枢纽机场、嘉兴长三角国际航空物流枢纽建设（均展望至 2050 年），宁波栎社国际机场、温州龙湾国际机场成为 3000 万级区域枢纽，金义机场成为千万级枢纽。提升衢舟台丽机场旅游等服务功能。培育本土和驻浙基地航空公司，发展万亿规模临空经济。深化低空空域管理改革试点，建设低空飞行服务保障体系，打造通用航空发展先行省。

（七）构建多式融合、通勤高效的轨道交通网。加快建设都市区城际铁路网、大湾区通勤铁路网，推动市域（郊）铁路向周边延伸，总里程达到 1800km，形成以四大都市区为核心的 1h 通勤圈。加密城市轨道交通网，有效衔接各功能组团和枢纽节点，总里程达到 1200km。因地制宜发展多制式轨道交通。加强规划建设运营一体协同，推动与干线铁路融合发展，使轨道交通成为公共出行的主要方式。

（八）完善海陆联动、功能齐全的能源管道网。强化原油管道保障能力，总里程达到 1300km，重点打通舟山绿色石化基地南北双线管道，优化甬沪宁等管网设施。提升成品油管道输出能力，总里程达到 2600km，重点完善舟甬绍、绍杭湖等管道。完善省级天然气管网，总里程达到 6370km，基本实现陆域管输天然气供应全覆盖。支持有条件区域布局油气复合管廊。建成千座以上综合供能服务站。

（九）培育普惠城乡、畅达国际的快递邮政网。建设邮政快递强省，形成辐射全球、畅达全国的寄递服务能力，邮政业务总量超1万亿元，快递业务量超600亿件。提升邮政普遍服务质量。实施快递业“进村进厂出海”工程，构建农村快递物流服务网、工业互联快递服务网、国际快递智能骨干网。培育具有全球竞争力的国际快递骨干企业，布局世界级寄递枢纽，加快境外快递分拨和海外仓建设。完善“最后一公里”城市末端服务网络，发展智能快递等新模式。

（十）打造覆盖全省、诗画韵味的城乡绿道网。打造特色多样、功能完备的绿道网，总里程达到3万km。加强慢行绿廊、换乘衔接、休闲服务等配套设施建设和管护。依托自然禀赋和人文资源，打造一批具有地域特色的精品绿道。

（十一）打造综合枢纽促进交通高效衔接。充分发挥综合枢纽集成作用，构建杭州、宁波—舟山、温州、金华—义乌全国性综合枢纽，打造嘉湖绍衢台丽六大区域性综合枢纽。以高铁、机场为核心，建设100个综合客运枢纽，扩容杭州机场枢纽、统筹配置铁路客运资源、打造组团式枢纽，规划建设宁波、温州、金义等空铁综合枢纽。以多式联运为核心，建设44个综合货运枢纽，重点打造一批空公铁、铁公水、海河、江海等联运枢纽。推动高铁、轨道交通、高速公路等全面接入。加强枢纽综合开发和统一运营，打造交通综合体。

（十二）以“四港”联动引领现代物流发展。以海港为龙头、陆港为基础、空港为特色、信息港为纽带，打造“四港”联动发展全国标杆。建设信息港联运大脑，统一标准、规则、费率，实现全程一单制。做强运营商联盟，培育壮大多式联运主体。深化运输结构调整，畅通水运网络，实施铁路货运倍增行动，提高水水中转、海铁联运比重。推动货车全面厢式化，研发应用多式联运载运装备。

（十三）实施美丽绿色交通发展新模式。紧扣大花园建设，深化交通旅游融合，构建美丽经济交通走廊。创新“美丽交通+”特色经济，完善交通配套设施，发展邮轮母港、观光专列、内河旅游、低空旅游等服务。节约集约利用土地、岸线资源，鼓励建设多式联运站场、客运码头、复合型通道。严格执行污染物控制标准和船舶排放区要求，加强船舶、港口污染防治，加快淘汰高能耗、高污染装备，推动能源清洁化。强化交通生态保护修复。

（十四）构筑引领开放发展大格局。主动融入“一带一路”大格局，构建义甬舟开放大通道，提高交通网络全球连接能力，海运集装箱国际航线、航空国际航线、国际铁路班列分别超220条、190条和20条，做强义新欧中欧班列品牌。加强与长江经济带沿线地区合作，做强舟山江海联运服务中心，使宁波舟山港成为货物进出主通道。协同推动长三角一体化发展，共同打造世界级港口群、机场群和轨道上的长三角。

（十五）促进交通智慧化。构建覆盖主要交通设施和装载工具的泛在信息网，推动工程云建设，提升交通规划、建设、运营和管理全过程数字化水平。完善综合交通智慧云平台，开发大数据集成应用，打造交通大脑。建立智慧高速公路标准体系，构建引领全球的智慧路网体系。统筹推进智慧铁路、智慧港航、智慧机场、智慧物流等建设。发展无人驾驶，完善公共测试设施，加快打造应用场景。

（十六）提高交通出行服务品质。全面推广出行即服务模式，发展旅客联程联运，实现电子客票、无感支付等智慧服务全覆盖。实施路网精细化管理，提升运行效率。优化航空服务，航班准点率力争达到90%。推广客运枢纽无感安检、智能引导等服务，实现便捷换乘。推广应用城市大脑，提升治堵效能，提高公共交通准点率。构建绿色出行体系，完善慢行和无障碍设施。推动城乡公交一体化。提升交通参与者文明素养。

（十七）做精做优万亿级综合交通产业。培育新技术新业态新产品新模式，发展交通建筑、装备制造、运输和关联服务业。打造综合交通高端装备产业园。构建轨道交通全产业链，培育整车制造平台和集成供应“零部件超市”。推动大型飞机关键零部件制造向集成总装方向发展，布局中低轨卫星等航天研发制造，发展飞机保税租赁业务，壮大通用航空产业。培育世界一流总承包服务商，鼓励交通建筑工业化发展。打造具有国际影响力的智慧交通产业交流合作平台。

（十八）强化科技创新和人才保障。高标准建设未来交通科创中心，推动轨道交通、通用航空等领域省级重点实验室建设，打造综合交通产业科技创新高地。加强交通领域5G、人工智能、物联网、数据中心、北斗系统等新基建设施的布局和应用。面向未来交通，加强前瞻性、颠覆性技术研究，协同推进高速磁悬浮、真空管道、地下交通等技术创新。加强产学研用合作，依托重大交通工程加快科研成果应用。建设国内一流交通高校，加强专业学科建设，培养交通紧缺人才，打造工匠型劳动者大军。

（十九）增强交通应急能力。建设“平安百年品质工程”。优化交通安全风险排查和隐患治理体系，提升本质安全水平。完善道路交通安全设施，提高高速公路建设安全等级标准，消灭次差路。加强港口危险化学品、“两客一危”、工程建设等重点领域安全管控，实施全程数字化监管。打造国际先进的航空救援体系。深化军民融合，提高交通应急保障能力。完善应急救援联动机制，优化应急基地布局和队伍建设，提升精准智控能力。

（二十）推进交通治理现代化。深化交通行业政府数字化转型，完善“一件事”全周期服务机制，实施以信用为基础的新型监管模式。健全综合交通法规制度体系，深化交通运输综合行政执法改革和“四基四化”建设，实现非现场执法全覆盖，改善基层执法条件。建设清廉交通，打造忠诚干净担当的高素质干部队伍。

三、组织保障

（一）加强组织领导。调整设立省交通强省建设领导小组，由省政府主要负责同志任组长，加强统筹谋划和综合协调。省交通运输厅要牵头建立量化指标体系，加强跟踪分析和督促指导。省发展改革委、省财政厅、省自然资源厅等相关部门要创新政策，形成工作合力。各市、县（市、区）党委、政府要结合实际制定具体贯彻落实措施，健全机制，狠抓落实。

（二）强化要素保障。建立省重大交通项目储备库，按规定保障用地指标，政府债券给予支持。科学布局交通廊道和线位，加大向空中、地下要空间力度。优化省市县财政事权与支出责任，加强省级对快速、干线网的统筹，强化市县对基础网建设的主体责任。制定支持省属国有交通平台充分发挥作用的相关政策。发挥民营资本优势，引导社会资本参与交通设施建设运营。创新交通建设投融资政策，推行政府和社会资本合作（PPP）、资源综合开发、建设运营一体化、存量资产盘活等方式，完善可持续发展机制。设立交通强省发展基金。

（三）创新体制机制。强化综合交通各要素统筹，实现规划一张图、建设一盘棋、管理一体化。探索铁路、民航等单位由中央和地方联动管理机制，完善都市区交通协调机制。推动轨道交通全省统一运营。整合高速公路资源，探索政府还债高速公路统借统还模式。健全综合交通运行监测体系。

附录3 《浙江省综合交通运输发展“十四五”规划》

依据《浙江省国民经济和社会发展第十四个五年规划和二〇三五年远景目标纲要》《中共浙江省委浙江省人民政府关于深入贯彻〈交通强国建设纲要〉建设高水平交通强省的实施意见》制定本规划。规划期限为2021—2025年，展望至2035年。

一、发展环境和总体要求

（一）发展环境。

“十三五”期间，我省坚持以习近平新时代中国特色社会主义思想为统领，以“八八战略”为指引，深入推进交通强省建设，聚焦3个“1h左右交通圈”目标，加快构建现代综合交通运输体系，全省交通运输事业取得跨越式发展，综合交通统筹发展格局基本形成，在初步实现“总体适应”基础上逐步转向“先行引领”，为高水平全面建成小康社会提供了有力支撑。

——全省综合交通投资大幅增长。5年累计达1.4万亿元、居全国第一，是“十二五”时期的2.2倍，有效发挥稳投资、稳增长主力军作用。

综合交通网络实现里程碑式发展。实现高铁陆域市市通、高速公路陆域县县通，内河航道所有设区市通江达海。

运输服务能力显著提升。2020年，高速公路路网流量、货物周转量分别为6.6亿辆、1.23万亿吨公里，5年分别增长44.7%和24.9%；快递业务量超全国五分之一，成为快递业“两进一出”工程试点省；宁波舟山港初步迈入世界一流强港行列，货物吞吐量连续12年稳居世界第一、集装箱吞吐量连续3年居全球前三；浙江成为全国第二个拥有三大千万级机场的省份；全面推进“四港”联动，海铁联运、内河港口集装箱吞吐量双双突破百万标箱。全省社会物流总费用占GDP比重由2015年的15.8%降至14.3%。

交通治理现代化水平持续提高。深入推进“放管服”和“最多跑一次”改革，初步实现掌上办公、掌上办事，完成阶段性交通行业机构改革任务。

支撑保障经济社会发展再上新台阶。统筹疫情防控和交通运输行业发展，大力推进“四好农村路”、城市治堵、绿色出行、平安交通建设，率先组建未来交通科创中心，加快培育综合交通产业，圆满完成高水平全面小康攻坚任务，先行引领地位进一步凸显。

同时，也存在跨区域外连通道不足、综合枢纽能级不高、绿色发展体系尚不健全、各种运输方式仍未实现无缝衔接、科技创新能力亟待增强、安全应急水平还需提升、治理现代化水平有待提高和清廉交通建设任重道远等突出问题，需要在“十四五”期间着力解决。

（二）发展思路。

坚持以习近平新时代中国特色社会主义思想为指导，立足新发展阶段、贯彻新发展理念、构建新发展格局，深入贯彻国家和省委、省政府重大战略部署，坚持服务大局、先行引领，综合集成、一体融合，创新驱动、数字赋能，绿色低碳、提质增效，人民满意、安全普惠，全面推进高水平交通强省建设，统筹综合交通各要素融合发展，全力构建现代化综合交通体系，争当社会主义现代化先行省的先行官，为高质量发展建设共同富裕示范区、打造“重要窗口”提供坚实保障。

（三）发展目标。

到 2025 年，基本形成内畅外联、经济高效、泛在先进、安全绿色、整体智治的现代综合交通运输体系，完成 2 万亿元综合交通投资，基本建成省域、市域、城区 3 个“1h 左右交通圈”，实现 5 个先行引领，打造 10 大标志性成果，争创交通运输现代化先行省。

——基础设施先行引领。新增综合交通网总规模约 1 万 km，基本建成“六纵六横”综合运输通道，形成以四大都市区为核心的高能级综合交通枢纽体系。加快“轨道上的浙江”建设，实现市市通高铁。加密完善四大都市区快速交通环线，加快提高 10 万人口以上城镇高速公路通达率和乡镇通三级以上公路覆盖率，基本建成 Y 形内河千吨级主通道，基本实现全省航空服务全覆盖。

——现代物流先行引领。宁波舟山港基本建成世界一流强港，千万标箱级集装箱港区达到 3 个，货物吞吐量稳居全球第一，集装箱吞吐量稳居全球前三，成为长三角世界级港口群核心港口。建成亿人次级国际化空港门户，旅客吞吐量和货邮吞吐量大幅提升，连接国际能力持续增强。中欧班列开行数量、多式联运集装箱量、快递业务量持续提升。货运一单制服务体系落地见效，城乡物流节点县级行政区全覆盖，全省社会物流总费用占 GDP 比重明显下降，成为物流成本最低、运行效率最高省份之一。

——出行服务先行引领。设区市中心城区快速通达路网和机场、高铁站等重要枢纽，综合客运枢纽平均换乘时间持续缩短，城市中心至各城区基本实现1h左右通达，中心城区主干道高峰小时平均车速提高5%以上，实现城乡公交一体化，基本建成出行即服务体系，实现一票制旅客联程联运。建成“四好农村路”全国示范省，万里美丽绿道基本贯通，路域环境显著改善，道路交通万车死亡率接近发达国家水平，无障碍设施覆盖率显著提升，弱势群体出行更受重视，特殊人群交通出行服务数字鸿沟有效消除，形成人民满意的高品质交通出行系统。

——高质量发展先行引领。构建浙江智慧交通云平台，提升未来交通科创中心研发能力和影响力，基本建成高水平行业智库。优化运输结构，公转水、公转铁推进取得有效突破，营运车辆、船舶单位周转量碳排放持续下降。安全生产实现全链条闭环管控，实现半小时救援全覆盖。

——整体智治先行引领。交通领域整体智治水平在全国交通行业和省内政府部门间双领先。按照数字化改革总体部署，建成数字交通体系和一批标志性应用场景。综合交通统筹机制进一步完善，交通投融资、运输市场化、港口一体化、综合执法等重点领域改革取得明显突破，形成具有浙江特色的综合交通法治体系，打造清廉浙江的标杆。

到2035年，基本建成高水平交通强省，基本实现高水平交通运输现代化，形成“六纵六横”综合运输通道和以杭州、宁波（舟山）国际性综合交通枢纽与温州、金华（义乌）全国性综合交通枢纽为核心的现代都市枢纽体系。

二、构建内畅外联的现代综合交通网络

（一）加快构建“六纵六横”主骨架。

1. 强化提升通道能级。衔接国家综合立体交通网主骨架，扩容沿海通道、沪浙赣通道，构建畅联国家重大战略空间的主轴线，强化与京津冀、粤港澳等城市群互联；扩容浙皖鄂通道，构建串联区域性重大战略空间的主廊道，强化对长江中游等地区的辐射拓展；提升义甬舟开放大通道，推进西延工程，支撑海陆双向对外开放；扩容苏浙通道，优化沪嘉湖通道、台金黄通道，建设合金温通道，促进长三角主要城市间互联互通；强化黄衢南通道，基本贯通浙闽粤

通道、温衢景通道、温丽吉通道，更好服务浙西南大花园建设。

2. 强化通道资源优化配置。加强通道资源集约利用，推进通道内各种运输方式优化配置、协调衔接，集约利用土地、线位、岸线等资源，统筹铁路、公路等基础设施过江、跨海、穿越环境敏感区的线位资源和断面空间布局，整合通道由单一向综合、由平面向立体发展，提高通道资源综合利用效率。

（二）统筹综合交通九要素建设。

1. 全面完善铁路客货运网络。实施铁路建设“345”行动计划，即建设铁路3000km、完成投资4000亿元、运营里程达到5000km，铁路县（市）覆盖率达到86%。客运铁路重点构建“五纵五横”主骨架，强化与国家高铁网、长三角轨道交通网衔接，优化沿海、沪昆等通道能力，提升与周边中心城市通达能力，完善省内主干通道。货运铁路构建“四纵四横多连”主骨架，完善大湾区货运双环网，打通港口集疏运主通道，加密进港入园铁路支线和专用线。

2. 加快建设多层次轨道交通网。完成投资4600亿元，新增都市圈城际铁路、市域（郊）铁路、城市轨道640km。杭州、宁波都市区率先基本建成网络层次清晰、功能定位合理、衔接一体高效的轨道交通网，温州、金义都市区初步建成覆盖中心城市与重要城镇、组团的市域铁路网，缓解城市交通拥堵，促进新型城镇化发展。

3. 优化现代公路网络功能布局。高速公路完成投资约4800亿元，续建770km，新开工约1900km，建成1140km。推进国家高速公路建设，加快完善跨省跨区域重要通道，推进繁忙通道扩容改造，强化对四大都市区、重要港区、山区26县的覆盖，加快形成“九纵九横五环五通道多连”布局。普通国道完成投资约2000亿元，建设约2000km，建成1600km以上。重点提升网络化水平，优先实施待贯通路和低等级路建设，挖掘利用现有路网资源，实施瓶颈路段和拥堵路段扩容改建。普通省道完成投资约1000亿元，建设约2000km，建成约1200km。重点打通待贯通路、提升低等级路，推动瓶颈路段快速化改造。农村公路完成投资约1000亿元，新改建约1.3万km，实施大中修工程约3万km。推进农村公路等级提升和通达自然村公路、双车道公路建设。

4. 加快建设畅达的现代水运网。沿海港口完成投资约470亿元，新增吞吐量2亿吨、900万标箱，新增万吨级以上泊位40个。重点将宁波舟山港建成支撑新发展格局的战略枢纽、服务国家战略的硬核力量、长三角世界级港口群的核心港口，将温州港、台州港打造成集装箱支线港、区域性中转港、产业配套港，将嘉兴港打造成长三角海河联运枢纽港、浙北和钱塘江中上游地区重要出海口，加快形成全省港口一体化、协同化发展格局。内河航运完成投资550亿元，新增千吨级航道400km，新增吞吐量1000万t。打造千吨级海河联运网络，提高省际航道通过能力，打通省内骨干航道通航瓶颈，提升内河港口与沿岸城镇、产业发展的匹配度；基本形成以杭嘉湖地区港口为核心，甬绍金衢丽地区港口为基础，功能完善、能力适度、分工合理、竞争有序、辐射全域的内河港口运输体系。

5. 打造长三角世界级机场群核心战略枢纽。完成投资约750亿元，新增运输机场2个、通用机场9个。推进运输机场扩能提效，培育杭州机场国际枢纽功能，增强宁波、温州机场区域辐射能力，谋划布局金义机场，培育嘉兴机场航空货运枢纽功能，形成“一核引领、三极支撑、多点联动”的现代化民用机场体系。

6. 强化能源管网保障能力。完成投资约400亿元，新增油管线约680km、天然气管线约1890km。推动前方港口化工码头与后方疏运管道配套衔接，统筹推进区域油品、天然气管网建设，加快形成广覆盖多连通的石油管网和“多级压力、内输外送、五横三纵”的天然气管网格局。

7. 建成畅达高效邮政快递网络。新增邮政行业业务收入730亿元、快递业务收入680亿元、快递业务量120亿件。实现全省城市建成区智能快递箱全覆盖、社区配送“社区15min”到家全覆盖、行政村快递服务全覆盖。以国内国际寄递服务双提升为重点，着力推进快递业“两进一出”工程全国试点建设，加快完善“一湾两带三级四区六核立体化”布局，建设杭州国际航空快递园区、宁波北仑跨境电子商务分拨中心等快递专业类物流园区12个、快速集散中心11个。

8. 构建多层级一体化综合交通枢纽体系。共建长三角国际性综合交通枢纽集群，打造杭州国际性综合交通枢纽，力争打造宁波（舟山）国际性综合交通枢纽，温州、金华（义乌）全国性综合交通枢纽和湖州、嘉兴、绍兴、衢州、台州、丽水六大区域综合交通枢纽，建成一批综合枢纽场站，新增综合客运枢纽场站12个、综合货运枢纽场站18个。强化枢纽集疏运网络建设，推动铁路、轨道交通、公路、水运、航空等多种交通方式接入枢纽场站，建设环射结合的高快速路内外交通转换系统，补强货运集疏运专用通道，打造立体开发、功能融合的枢纽综合体。

9. 建设诗画韵味的城乡绿道网。建成省级绿道主线和支线特色交通段50条以上，绿道总里程达到2万km以上；其中省级绿道6000km，实现省级绿道交通段主线贯通。依托自然和人文资源，加强慢行绿廊、换乘衔接、休闲服务等配套设施建设和管护。

（三）注重基础设施提质增效。

1. 提升交通网络通行效率。补强既有铁路，释放铁路运能，实施局部线路、站房站台等设施改造，优先利用既有线开行城际列车，推进普速铁路单线改复线及双层高集装箱运输改造工程。充分发挥现有路网作用，挖掘高速公路通行潜力，加大互通合理化改造，推动城市内外交通衔接，因地制宜推进差异化收费。深化普通国省道提速、提标、提质，加快建设都市区快速路走廊，有序推进普通国省道平交路口立交化改造。实施内河通航关键节点改造。加快改造机场航站楼及配套设施，扩建货运设施，提升跑滑系统容量和效率。

2. 提高交通服务品质。优化枢纽场站换乘设施，推广标准化服务、智能安检等模式，提高铁路、机场等客运枢纽服务质量。加快推进高速公路服务区新建、改扩建，解决路网服务区间距过大问题，优化普通公路服务站布局。建立公路养护科学决策体系，推进养护工程技术创新，保持公路设施良好技术状况。优化升级联网收费系统，提高电子不停车收费（ETC）通行效率。规范交通标志标线，增强交通设施诱导功能。建设高等级航道沿线锚泊区，实施航道标准化专项养护，建设美丽航道。

三、强化交通对重大战略支撑引领作用

（一）推进“一带一路”建设。

1. 强化一流强港辐射带动作用。基本建成全球重要港航物流中心、战略资源配置中心和特色航运服务基地。推进“一带一路”枢纽建设，深化与全球航运企业合作，提高国际航线全球连通能力，集装箱航线达到265条，航线覆盖度进入全球前三。拓展集装箱市场，深耕内贸箱源，挖掘进口箱源，沿海港口集装箱吞吐量达到4100万标箱，其中内贸集装箱超800万标箱。支撑中国（浙江）自由贸易试验区（以下简称浙江自贸区）油气全产业链发展，建成全

球最大的油品、铁矿石中转储运交易基地，我国重要的LNG登陆中心和最大的粮食、煤炭等集散加工中心，提升重要大宗商品资源配置能力。大力发展高端特色航运服务，做强甬舟现代航运服务产业核心区。高质量打造宁波舟山港一体化2.0版，实现拖轮、引航一体化服务，探索推动海事、海关一体化改革。优化口岸营商环境。

2. 打造辐射全球空港枢纽。加快构建与杭州国际化大都市发展定位相适应的国际航线网络，提升宁波、温州区域航空枢纽功能，增强至"一带一路"沿线主要国家（地区）的通达能力。推进国际货站能力建设，推广异地货站集货模式，培育航空总部、智慧物流及关联产业，构建全球72h航空货运骨干网。积极拓展至东南亚的国际货运业务，加强与"一带一路"沿线国家（地区）的联系，加快拓展国际全货机通航点18个以上，力争全省国际航空货运通航点达到130个以上，推动形成布局合理、要素聚集、供需匹配、畅通高效的国际航空货运发展体系。

3. 建设国际陆港与中欧班列通道。建设义乌国际铁路枢纽港，推动义乌苏溪与金华华东联运枢纽港建设，积极争取义乌升级为国家一类口岸。积极布局义乌—迪拜等海外直通仓，培育发展义新欧班列支线，拓展国际班列定制化精品化运行等服务，推动义乌国际陆港成为陆上丝绸之路的始发港和目的港。

（二）更好服务长三角一体化。

1. 着力提升省际互联互通水平。优化浙沪陆路和海上双通道布局，强化杭州、宁波都市区与上海协调联动，省际接口新增1个，总数达到7个（铁路3个、高速公路4个）。完善浙苏环太湖通道，强化杭州与苏锡常都市圈、南京都市圈的联系，省际接口新增2个，总数达到8个（铁路3个、高速公路5个）。强化浙皖通道布局衔接，促进浙西与合肥都市圈及皖南地区的连通，省际接口新增3个，总数达到9个（铁路3个、高速公路6个）。浙赣、浙闽接口总数分别达到5个、8个。

2. 协同推进世界级港口群和机场群建设。推动宁波舟山港与上海港联动发展，推动洋山合作开发。推动空域资源优化配置，加快培育杭州机场国际航空枢纽功能，提升宁波、温州区域航空枢纽功能，加快嘉兴航空多式联运中心建设。

3. 共同推进运输服务管理一体化。加快推进长三角毗邻地区客运线路公交化改造，完成改造10条以上，总数达到30条，推动“一卡（码）通”。深入推进长三角综合交通运输信息共享，联动推进超限治理、污染防治等工作。

4. 协同推动示范区综合交通建设。打造长三角国际性综合交通枢纽集群重要节点，提升长三角生态绿色一体化发展示范区嘉善片区枢纽能级，推进嘉善站、嘉善南站枢纽扩容等项目，规划研究嘉善至西塘市域铁路，加强与上海虹桥国际航空枢纽对接。推动跨省连通道路建设，完善示范区路网结构。进一步整合提升区域智慧交通服务体系，推进人工智能、物联网等新技术在交通基础设施建设领域的应用。协同推动长三角“一地六县”产业合作区综合交通建设。

（三）推进长江经济带建设。

1. 提升船舶港口水污染防治能力。加快淘汰高污染、高耗能运输船舶，加强新能源和清洁能源船舶推广应用。应用北斗系统、智能流量监测装置对船舶污染物进行实时监测，实现船舶水污染物接收转运处置全过程联单电子化，实现船舶水污染物闭环管理。

2. 加强与长江沿线城市互联互通。加快连通长江中游城市群的省际干线通道建设。提升江海联运服务能力，加强江海联运信息服务，扩大与长江沿线城市物流数据共享范围，实现长江经济带船舶水污染物联合监管与服务信息系统全面覆盖应用。加快江海直达船型研发和联运船队建设，培育江海联运规模化企业。

（四）高水平支撑“四大建设”。

1. 围绕大湾区建设。加快构筑沿海、环湾、跨湾、环湖重大综合交通走廊，全面打通湾区内部和对外的断头路、瓶颈路，加快推进环杭州湾高铁、高速公路双回路建设，强化沿海、环湾、跨湾、环湖联系，支撑世界级现代化大湾区发展。

2. 围绕大都市区建设。发挥杭州、宁波、温州、金义四大都市区综合交通枢纽功能，完善枢纽场站布局，优化城区交通组织，发展未来智能交通。实施一批区域性高铁、城际铁路、都市区城市轨道项目，积极打造轨道上的都市区。

3. 围绕大通道建设。构建开放通道，突出义甬舟开放大通道及西延工程，形成以干线铁路和干线公路为主体、连通浙东沿海与中西部内陆腹地的交通主轴。构建湾区通道，推进湾区智慧化交通建设，完善沿海综合运输通道，重点实施沿海高铁。构建美丽通道，完善浙西南交通网络，提升衢州、丽水快速接轨杭州的能力，支撑浙西南生态旅游带发展。

4. 围绕大花园建设。构建全域美丽经济交通走廊升级版，打造“四好农村路”全国样板。以普通国省道为重点，高标准建设沿海、沿江、沿湖、沿山美丽交通走廊，实现全域美丽交通。完善现代通景交通体系，实现4A级以上景区、国家旅游度假区等基本通达二级以上公路，历史文化名村、美丽乡村精品村、旅游风情小镇通达等级公路，提升交通旅游配套服务功能。

（五）夯实基础助推共同富裕。

1. 加快提升山区26县交通发展水平。聚焦山区26县和革命老区，补齐交通短板、改善区位条件、强化内生动力。畅通铁路、高速公路等对外通道，拓展公路网服务深度和广度，提高普通国省道二级以上公路比例和建制村通双车道比例。推动衢州、丽水等地航运开发，扩大内河港口辐射范围。加快丽水机场新建、衢州机场迁建项目，布局一批通用航空机场，提高航空服务覆盖率。

2. 促进浙西南区域统筹协调发展。聚焦温州、衢州、丽水等浙西南山区，重点打造衢州四省边际交通枢纽，构建联动江西、安徽、福建三大综合交通廊道，强化省际边界地区的核心引领作用。加强浙西南紧密融合及与周边省份高效联动，推动浙闽边区域交通一体化，强化浙南地区与海西交通互联互通。加快衢丽交通一体化发展。

3. 推动城乡交通运输服务一体化。服务乡村振兴，聚焦交通运输服务均等化，全面完善城乡客运网点，实施农村客运公交化改造，实现平原地区全域公交化，山区、海岛和库区公交化比例达到80%，创新区域经营、预约响应等服务模式，探索发展镇村公交，全省城乡交通运输一体化发展水平5A级县（市）比例达到95%。完善三级农村物流服务网络，实现建制村物流（快递）服务全覆盖，创新农产品物流经营模式，深化产销运合作。统筹推进农村客货邮融合发展，探索区域共同配送、客运班车带货等模式。

（六）高质量完成交通强国建设试点任务。突出全领域和全方位，高质量开展交通强国试点和省级试点培育，积极探索创建示范县（市、区）。发挥省交通强省建设领导小组办公室统筹协调作用，构建省市县联动、政企社协同推进机制，建立试点项目负责人制，健全督导评估体系，强化试点推广应用。力争到2025年，在世界一流强港建设、国际性综合交通枢纽城市打造、数字化改革、“四港”联动等方面形成一批引领经验，在拥堵治理、绿色出行、平安交通等方面形成一批特色亮点，努力当好交通强国建设试验田。

四、打造促进双循环的现代运输服务体系

（一）优化现代物流空间布局。

1. 打造大湾区物流创新高地。聚焦航运物流创新，统筹大湾区港口资源，发展国际海事、贸易交易等高端服务，打造高能级航运服务平台和科技创新高地。聚焦航空货运创新，探索并支持低空智能物流产业，加快构建大湾区航空货运体系，培育基地航空公司，发展万亿规模临空经济。聚焦场景应用创新，加快智慧化、共享化物流新技术新模式的前瞻布局，推动无人配送、地下管道物流等前沿技术的落地应用，加强物流园区与产业平台协同联动。

2. 构建义甬舟双向开放物流主轴。优化空间格局，构筑“两核一带两辐射”和东向依港出海、西向依陆出境总体布局，构建义甬舟双向开放物流通道。深化西向辐射，实施义甬舟开放大通道西延工程，推进与长江以南内陆地区的开放融合。发挥枢纽作用，整合宁波舟山港、浙中公铁联运港、义乌陆港等物流枢纽，提升金华（义乌）枢纽辐射带动和衢州内陆开放桥头堡功能，打造服务重大战略新引擎。

3. 构筑国内国际三大物流循环圈。打造长三角物流循环圈，重点建设沪杭甬现代湾区主通道，推动长三角产业链和供应链协同，构建高效循环、一体联动的区域物流循环体系。打造国内物流循环圈，重点畅通国家沿海大通道，打通合温山海联动大通道，形成连通京津冀都市圈、珠三角都市圈及长江中上游、中西部地区的开放走廊。打造国际物流循环圈，以浙江自贸区扩区为契机，统筹义新欧班列、海运、航空货运发展，推动国际物流全球化布局，加快融入国际物流供应链体系。推动形成以国家物流枢纽、省级物流园区、区域多式联运基地等为节点的多层次物流枢纽基地布局。

（二）深化“四港”高效联动发展。

1. 夯实“四港”联动基础。做大做强运营商联盟，吸引国际国内龙头企业加盟，探索解决多式联运突出问题和共性难题。推动联盟成员加强与省外、境外物流企业的合资合作，打造覆盖全国乃至全球的物流服务组织体系。以建设数字化物流体系为目标，深化“四港”智慧物流云平台应用，打造全程可视服

务、物流管家服务、公铁水联动业务服务、订仓业务服务、用户管理体系和移动应用六大产品，拓展数据互联、物流管家、物流商城三大服务功能，基本实现基于“四港”联动的产业、商贸、电子商务供应链集成体系，平台企业用户数超过10000家。加强杭州、宁波海关一体化协作，创新货物分类监管模式，推广跨境电子商务数字清关新模式，深化义乌国际贸易“单一窗口”铁路相关功能试点项目，推广进出口货物通关便利化成效。推动海运、铁路、公路相关货运制度、政策的对接，强化航空、铁路和海运的定价、车辆合规、货物查验等管理措施与后方物流企业的衔接，形成不同运输方式的管理协同。

2. 纵深推动多式联运发展。以推进大宗货物和集装箱多式联运发展为重点，创新“干线多式联运＋区域分拨”发展模式，推动江海、海河、海铁等多式联运发展，培育一批“四港”联动枢纽、节点城市。做大做强江海联运，推动长三角江海联运业务协同发展，提升舟山江海联运服务中心能级。优化提升海河联运，推进以浙北三层集装箱海河联运为代表的现代水运转型发展，积极培育钱塘江中上游、瓯江沿线海河联运业务。发展海铁联运，支持开展双层集装箱海铁联运创新，提高宁波大宗货物、集装箱海铁联运枢纽服务能力，支持义乌建设宁波舟山港“第六集装箱港区”，优化内陆无水港布局，积极开拓长江中上游集装箱海铁联运市场，打造海铁联运精品线路。创新瓯渝班列等公铁联运模式。

3. 完善快货物流联运体系。聚焦快货物流特色发展，打造快货物流“3＋2”联运基地，培育形成以杭州、宁波、嘉兴机场为核心的快货物流空公铁联运服务基地，做强以金华（义乌）、温州商贸物流为代表的公铁联运服务基地。拓展联运业务，研究推动以杭州机场为核心的快货空铁联运发展，打造嘉兴空公铁联运共享枢纽，积极推进联运业务向四大都市区扩展。创新联运模式，推动大型物流企业与中铁快运战略合作，加强高铁集配货站设施建设，打造“公路集配＋高铁快运”联运线，实现长三角主要城市半日达、国内主要城市1天达。

（三）持续优化交通出行服务。

1. 完善多层次多样化客运服务。构建以轨道、航空、高快速路为主体的大容量、高效率快速客运网络。推进轨道交通“四网”融合，加密高铁服务网，探索利用普速、高速铁路开行城际列车，推动都市圈城际、市域（郊）铁路公交化运营。全面提升民航服务水平，积极拓展国际国内航线，优化提升通程值机、行李直挂等服务，打造一批区域航空精品快线。推动道路客运转型升级，规范发展定制化、预约化客运线路，加快城际道路客运公交化发展。促进邮轮、游艇、内河旅游客运健康发展。

2. 加快发展高品质出行服务。推动旅客联程运输发展，推广城市候机（船）楼、高铁无轨站等联运服务，发展"航空 + 巴士""铁路 + 巴士"等联程模式；依托杭州、温州等国际机场通高铁工程，谋划推进旅客空（公）铁联程运输发展，探索车船联运和基于邮轮的海空联运新模式，提升旅客联程中转、票务和行李托运一体化水平。纵深推进城市交通拥堵治理，强化科技治堵。深化公交都市建设，鼓励发展定制公交、社（园）区公交、夜间公交等。推动城市共享交通发展，积极推行停车换乘、集约共乘等模式，提升汽车、共享单车、共享电动车等租赁业网络化水平，打造一批面向门户枢纽的共享出行服务品牌。面向残疾人、老年人等特殊群体，加快枢纽场站、运输工具无障碍设施建设，积极推广预约式、一键式无障碍出行服务。

（四）拓展交通融合发展空间。

1. 推动交通与城市布局融合发展。依托综合交通枢纽，完善枢纽内部及周边产业功能，引导优化人流、物流、信息流、资金流等要素集聚，打造"圈层拓展 + 站城融合"的枢纽经济发展新模式。围绕杭州西站等重要综合客运枢纽建设，引导构建公共交通导向开发（TOD）轨道经济圈，促进商贸金融、旅游餐饮、购物娱乐等关联消费产业集聚发展，打造城市经济综合体。围绕海港、河港、空港等货运枢纽建设，推动港产城融合发展，统筹港口岸线与后方土地综合开发利用，服务支撑临港先进制造业集群，引导物流节点拓展综合服务功能，发展物流枢纽经济。

2. 推动交通与先进制造业融合发展。创新供应链协同共建模式，推动交通运输企业与制造企业建立互利共赢的长期战略合作关系，引进综合交通制造龙头企业。积极开行面向大型原材料和制造业基地的"点对点"铁路直达货运列车，加快发展面向集成电路、生物制药等高附加值的航空货运服务，鼓励发展面向精密仪器等特殊货种的联运服务。鼓励货运物流企业面向供应链上游企业发展物流大数据分析、零库存货运物流等定制化服务。促进现代装备在交通运输领域应用，带动国产航空装备的产业化、商业化应用。

3. 推动交通与商贸流通业融合发展。鼓励企业自有仓库、营业网点、配送队伍等资源向社会开放，与综合物流枢纽等设施资源整合共享。推进电子商务快递与新零售服务深度融合，支持货运物流企业面向商超、市场等提供统仓共配、及时配送服务，探索云仓储等集约模式。鼓励货运枢纽引入电子商务企业、网红销售平台等，构筑“快递物流＋仓储服务＋电子贸易”生态体系。鼓励发展面向跨境贸易的进出口采买、国际运输、末端配送等一站式跨境供应链服务。

4. 推动交通与邮政快递业融合发展。推进邮政快递“上车、上船、上飞机”工程，支持在重要交通枢纽配套建设邮件快件绿色通道和接驳场所，构建多种运输方式衔接畅通的邮政快递运输结构。加快推进快递进村、进厂、出海，引导邮快合作、快快合作等模式，推广面向偏远山区、海岛等地区无人机投递服务，实现工业、商贸、农业园区等重点场所基本覆盖；积极拓展航空中转集拼业务，参与国际陆海快线建设，提升全球寄递效率。加快“5G＋物联网”智能快递园区建设，打造标杆性未来工厂。

5. 促进交通与旅游业融合发展。践行绿水青山就是金山银山理念，建设G351最美山海协作路、G235最美沿山路、G228最美沿海路等美丽富裕干线路。推广“美丽交通+”模式，加强交通运输与休闲旅游设施布局协同发展，制定新时代“富春山居图”交通行动方案，推进运游一体化，实施公路驿站、通景轨道、低空旅游、“蓝色岛链”、水上诗路等工程，建成省际核心景区之间、城市与景区、省内重点景区之间“快进慢游”的旅游交通线。推广“交通＋门票”等一站式票务服务，发展房车旅游、自驾游、游艇等服务产品。

五、推动泛在先进的交通领域新基建

（一）打造综合交通智慧平台。建设交通大数据中心，迭代升级现有信息系统，逐步加大系统内部和部门、企业间的数据汇聚共享力度，全面实现公路、水路、铁路、民航、重点枢纽、“两客一危”等业务数据的融合互通。建设交通整体智治大脑，支持建设浙江海上智控平台，增强动态监测预警能力，提供辅助决策服务和预判支持。建设“浙里畅行”等出行服务平台，强化智能化交通流量管控，提升公众出行效率和出行体验。

（二）建设智慧交通基础设施。

1. 建设智慧公路。以推进智能技术集成应用为核心，建成1000km智慧高速公路，重点推进“杭绍甬—杭州湾跨海大桥—沪杭甬”湾区智慧高速公路环建设，形成可复制、可推广的范本，带动全省域智慧高速建设。提升普通公路管养数字化水平，重点推进G228和安吉县、诸暨市智慧农村公路建设，加快布设虚拟数字网、路侧感知网、5G通信网。

2. 建设智慧港航。建设梅山、鼠浪湖等技术自主可控的自动化码头项目，加快推进“5G＋智慧码头”多场景批量化应用，港口业务智能化覆盖率达到75%。建设400km智慧航道，发布智慧航道建设指南，加快推进智能船舶、智能航运和数字监管发展。

3. 建设智慧高铁。探索推动铁路智能建设，推广应用铁路智能检测监测设施，提高建设、检测、监测智能化水平。建立轨道交通综合运营管理平台，强化轨道交通多网融合、一体衔接，实现铁路和轨道交通智能化管理全覆盖。推动铁路政府和社会资本合作（PPP）项目投融资、建设、运营全过程数字化管理。

4. 建设智慧机场和园区枢纽。打造杭州、宁波智慧机场标杆，深入推进机场“出行一张脸”“国内换乘一次安检”“物流一张单”等数字化改革。推进杭州东站、杭州西站等智慧客运枢纽建设，推进华东联运新城多式联运集结地、杭州传化公路港智慧枢纽网等智慧货运枢纽项目。

（三）完善交通能源和通信设施。加快布局高速公路服务区快充站，实现服务多种车型的快充站全覆盖，发展高速公路沿线和服务区光伏发电。加快岸电设施建设，基本实现沿海和内河主要港口、重点港区岸电设施覆盖。完善全省综合供能服务站布局，加快建设公共领域充换电站、充电桩，新增公用充电桩全部具备智能充电功能。探索建设无线充电线路，构建覆盖全省的智能充电服务网络。完善交通设施沿线、重点枢纽、园区5G基站布局，基本实现重要设施和节点覆盖；深化车船交通装备北斗系统应用，实现高精度定位服务在营运车辆、公务车船等重点领域全覆盖。

（四）打造多元化融合场景应用。激发市场主体活力，鼓励跨界融合创新，重点打造智慧高速公路云控平台、“两客一危”数字管控平台、“浙闸通”平台、“四港”联动智慧物流云平台等。鼓励各地打造交通新基建最佳实践，打造智慧交通特色创新品牌。依托“城市大脑”，推进交通基础设施数字化改造提升，实现交通出行一掌通用、一码通行；构建智能汽车、智慧出行和智慧城市融合发展的创新生态；探索交通基础设施和交通工具的数字化、网络化和智能化，率先形成数字交通新基建的新产业、新模式、新动能；建设智慧物流深度融合、信息技术广泛应用的数字物流港。

六、建立完善可靠的安全应急保障体系

（一）健全安全责任监管体系。树牢生命至上、安全第一发展理念，坚持党政同责、一岗双责、齐抓共管、失职追责，健全各级交通安全应急管理机构，健全领导责任机制和上下联动、部门协同的工作机制，加快完善交通运输安全生产标准体系。进一步压实企业主体责任和行业监管责任。推进落实企业全员安全生产责任制，加强安全管理机构与人员配备。明确行业监管职责，加大安全生产监督检查力度，推动与公安、应急管理等相关部门协同监管，健全安全生产责任链条，构建隐患发现、整治、验收和考核等闭环管理体系。

（二）提升设施本质安全水平。强化交通基础设施安全防护能力。持续推进公路灾害防治、病危桥隧维修改造和安全防护工程，强化事故多发路段改造提升。加快提升内河通航作业、水上客渡运安全水平，打造航道锚地支撑保障体系。实现国省道2.5m、农村公路4m以上临水临崖高落差路段安防设施全覆盖，现有四类、五类桥隧改造率100%和国省道边坡灾害当年处治率均达到100%。推进交通运输装备持续提档升级。全面淘汰57座以上大客车及卧铺客车，依法强制报废超过使用年限船舶。沿海远洋船舶和内河货运船舶平均吨位分别达到10000t、600t以上。加强重点营运车辆管理，鼓励加装主动防碰撞装置，提升车辆预警预防能力。提升交通建设工程本质安全水平。开展桥梁、隧道等预制构件质量提升攻关行动，推广标准化设计、工厂化预制、装配化施工；加强施工设施设备的定期检查检测，持续淘汰落后工艺设备，推广应用智能化加工设备，提高交通建设工程质量和耐久性；建立施工质量后评估机制。

（三）深化安全风险防控治理。加强安全生产风险管控。定期全面排查梳理风险，加强风险防控责任落实。强化风险类别和等级评估，建立重大风险省市县三级清单管理机制，落实分级管控人员和措施。研究建立风险智控指数，动态评价风险等级，增强风险感知能力。加强铁路、城市轨道沿线安全运营环境维护。加强港口重要设施设备、特殊作业环节和内河船舶碰撞桥梁等隐患排查治理。强化沿海深水码头、大型桥梁和长隧道等重大工程关键环节和重点部

位排查治理。深化普速铁路沿线隐患治理，建立长效机制。强化事故隐患清单管理，加大隐患排查治理的行业管理与执法力度，推动安全生产事故重大隐患清零，一般隐患减增量、去存量。开展隐患治理整改效果分析，严肃问责整改措施不落实、重大问题悬而不决、重大风险隐患拖延不改的行为。

（四）坚决遏制重大安全事故。

1. 加强道路危险化学品运输整治。围绕企业、车辆、从业人员等核心要素，开展常态化监管工作，加大违法、违规情形惩治力度，实现车辆安全检查、从业人员安全教育、企业安全监管全覆盖，坚决消除危险化学品运输超速、疲劳驾驶和非法营运等行为。全面巩固车辆挂靠和异地经营等整治效果，强化“两外”车辆管理。迭代升级危险货物运输智控平台，完善部门间信息共享、联合执法、联合惩戒机制。加快建设一批危险化学品车辆公共停车场和高速公路危险化学品专用停车位（区），打造县级危险货物停车场试点，实现危险货物停车场县域全覆盖。

2. 加强货车超限超载治理。加强货车出场称重管理，防止超限超载车辆出站出场，推进治超站点称重设施联网管理。加大超限超载执法力度，形成超限运输检测站24h管控，全面推进严重违法失信超限超载联合惩戒。加大高速公路治超力度，深化高速公路违法失信清单管理和“百吨王”整治。

3. 提升“两客”及农村客运安全管理水平。着力打击“黑企业”“黑站点”“黑车”非法经营行为，全面实施客运站场班车、包车合规性管理，完成客运监测监管系统升级，建设非法营运客运车辆监测系统，提高道路运输执法信息化水平。加强对班车客运定制服务的监管。推广农村客运安全生产和通村服务质量系统监测试点经验，在全省范围建立农村客运综合监管系统，提升对农村客运企业智能管控水平。

4. 强化港口、水运危险货物管理。加强港口危险货物企业“两重点一重大”堆场、储罐等货物集中区域风险联防联控，特别加密甲A类介质储罐抽查频次、缩短检测周期，强化外包作业和动火作业管理，建立港口危险货物安全监管信息平台，实现高危作业场所和环节实时监测、智能感知和风险预警。强化对海运企业经营资质等检查，深化海上运输安全管控。

（五）强化应急运输保障能力。构建高效顺畅的应急指挥体系，建立省市县分级负责的应急资源调度机制，基本实现应急资源统筹共享。实现公路桥梁隧道监管、路网监测与应急指挥、“两客一危”车辆监控、海上智控、智慧港航应急指挥和交通工程质量安全监控等重点领域业务系统与省应急指挥平台全面接入。推进交通战备装备仓库与当地应急基地联合共建，督促各高速公路业主单位至少建立 1 个应急基地，构建由 1 个国家区域性公路交通应急装备物资（浙江）储备中心、7 个省级应急基地和一批市县级应急基地组成的总体格局。强化海上搜救能力建设，推进内河重点航区应急反应基地建设，加强深水救援装备、队伍等配备。推进落实大型应急装备赋码，实现可视可调。强化航空救援，完成高速公路服务区直升机起降点布设，提升航空应急救援保障能力。研究建立跨区域应急物资快速投送机制和救援资源互通共享机制，推动长三角地区航空救援和应急保障一体化。

七、勾勒低碳美丽的绿色交通发展画卷

（一）持续深化运输结构调整。围绕碳达峰目标与碳中和愿景，以打造绿色低碳交通为主线，紧抓交通领域减排核心，推进运输结构优化调整。不断推进大宗货物及中长距离货物运输向铁路和水运有序转移。加快提升铁路运输能力，推进集疏运铁路、铁路专用线等公转铁线路建设，着力提升港口铁路集疏运比例。进一步拓展水路运输优势，重点推进浙北集装箱主通道等高等级内河航道建设，完善内河水运网络，加快构建以绿色运输为主的港口集疏运体系，引导大宗货物水水中转。加大“散改集”政策支持力度，完善集装箱运输绿色通道政策。简化进出港运输船舶和集卡车辆手续，优化船舶过闸流程，加强码头作业和船闸联合调度等智慧化管理，促进水路运输降本增效。

（二）强化交通资源节约集约。贯彻落实国土空间“三区三线”、自然保护地、饮用水水源地等开发保护要求，采取交通网建设空间避让、无害化穿越等措施，有效利用土地资源。鼓励铁路、公路等通道建设优先利用既有走廊，推进公铁复合通道建设，建设复合通道里程 500km，公路单位运输周转量用地面积下降 15%。提高资源综合循环利用，深化交通设施与新能源、新材料融合研究，推动废旧路面、沥青等材料再生利用，推广钢结构的循环利用，扩大煤矸石、矿渣、废旧轮胎等工业废料和疏浚土、建筑垃圾等综合利用，实现沥青路面旧料零废弃，回收率（含回收与就地利用）达到 100%，循环利用率达到 100%。加强综合供能服务站建设，重点推进集电能、天然气、氢能及清洁油

品等多种能源供给功能于一体的综合供能服务站建设，力争建成 800 座综合供能服务站。

（三）深化交通环境污染治理。推广应用清洁能源营运车辆。以城市公共交通车辆、出租汽车、城市物流邮政（快递）配送车辆为重点，严格落实不达标车辆市场禁入制度，加快老旧营运柴油货车淘汰更新，全面实施车辆检测维护（I/M）制度，加快新能源客车及成套技术装备推广应用。推广纯电动和 LNG 等清洁能源船舶，鼓励公务船舶优先使用纯电动船舶，沿海港口新增和更新拖船优先使用清洁能源船舶，加快 LNG 加注码头布局。按照国家相关要求，继续加大船舶排放控制区力度，加大船舶燃油监管力度。新建码头同步建设岸电设施，加快现有码头设施改造，实现沿海规模以上港口集装箱、客滚、邮轮、3000t 级以上客运、50000t 级以上干散货专业化泊位以及内河骨干航道码头（油气化工码头除外）、综合服务区、锚泊区等岸电设施全覆盖。

（四）推进出行方式绿色转型。实施亚运城市更高水平绿色出行行动方案。优先发展城市公共交通。推动公共交通由数量供给转向品质服务，打造以轨道交通为主体、常规公交为基础、慢行交通为补充的现代都市多元化出行体系。构建城市绿色出行融合网。打造“一网一票”城市绿色出行共享融合网，推进公共交通一票联通，实现轨道交通、常规公交、慢行交通等多网融合发展，强化跨网衔接，提升绿色出行服务水平。加快构建“公共交通 + 绿道”绿色出行网络，加强公共交通与城市绿道系统衔接，加强站点设施与绿道景观共建共享。

八、提升交通行业治理能力现代化水平

（一）深化交通运输领域改革。加快构建数字交通“1 + 7 + X”整体智治体系，建成 1 个数字交通基础平台，打造数字公路、数字港航、数字机场、项目管理、行政法治、安全应急、机关智治等 7 个特色板块，滚动推出、迭代升级若干标志性应用场景，以数字化推动交通业务流程整体优化和系统重塑、牵引交通高质量发展，提升行业治理现代化水平。深入推进交通重点领域改革。着力推进综合交通统筹机制、交通投融资、港口一体化、国际物流体系建设、综合执法体制等重点领域改革。实现掌上办公、掌上办事、掌上治理，加快推进交通事项全省通办，探索实施跨省通办。

（二）打造综合交通产业高地。培育一批领军企业、建设一批重点园区、

实施一批重大项目、打造一批公共平台、培养一批紧缺人才、出台一批精准政策，打造省级综合交通产业发展先行区。高标准举办浙江国际智慧交通产业博览会，力争升格为国家级展会。到 2025 年，争取全省综合交通产业总产值超 3 万亿元，增加值达到 1 万亿元，在国民经济中的支柱地位进一步强化。

（三）激发交通科技创新动能。全面推进未来交通科创中心等行业新型智库建设，整合优化科技创新资源，加强核心科研平台和省级重点实验室建设。部署集前沿基础研究、共性技术研发、创新成果转化、新兴产业孵化于一体的科技创新链。加强桥隧等重点领域安全标准研究，强化科技研发与标准体系对接，推动安全、智慧、绿色等领域标准的制定，加快形成一批行业指南和地方标准。

（四）加强交通运输法治建设。深化交通运输法治部门建设，推动完善综合交通运输法规体系，动态调整交通运输权力清单、监管清单。持续深化交通运输综合执法改革，建立健全综合执法工作机制，深化“四基四化”建设，实现基层站所综合执法规范化。贯彻落实行政执法“三项制度”，开展执法监督，构建全闭环执法体系。推动诉源治理化解行政争议。围绕“法治护航强国路”主题，实施“八五”普法规划。加强信用交通建设，建立健全动态精确、融合高效的信用管理制度体系，建设全省一体化的信用综合管理平台，深化信用分级分类监管和奖惩应用，构建以信用为基础的交通运输新型监管机制。

（五）加强交通人才队伍建设。加强高素质、复合型科研队伍建设，造就一批有影响力的交通科技领军人才和创新团队。弘扬劳模精神、工匠精神，完善交通专业人才引进、培养、使用、评价、激励体制机制。加快推动交通职业教育高质量发展，推进浙江交通职业技术学院、浙江公路技师学院新校区建设。加强干部政治素养、理论水平和专业知识等系统培训，健全实践锻炼机制，增强实战执行能力，建设忠诚、干净、担当的高素质干部队伍。持续增强交通文化软实力，以社会主义核心价值观引领行业文化建设，积极挖掘、提炼新时代交通文化内涵，大力培树先进典型。

（六）打造清廉浙江建设标杆。围绕打造清廉浙江交通单元标杆，全面完善工作体系，形成一体推进不敢腐、不能腐、不想腐的有效机制，营造风清气正的政治生态。迭代升级交通工程阳光监管平台，强化数字赋能，注重实际应用，实现综合交通九要素、省市县三级和项目建设全周期“三个全覆盖”。健全行业廉政风险分析评估机制，加强综合研判和专业指导，组织开展实施效果评价。完善清廉交通制度体系，聚焦高风险领域，加强制度设计，健全执行机制。集中开展关键领域专项整治行动，每年纠治一批突出问题。持续开展廉政教育月等活动，教育引导党员干部增强党纪意识、严守廉洁底线，营造“三不”良好氛围。

九、保障措施

（一）加强党的领导。充分发挥党在规划推进过程中总揽全局、协调各方的作用，建立省级部门协同、上下机构联动、周边省市互动、军民融合发展的综合交通规划实施工作机制。充分发挥省能源集团、省交通集团、省机场集团、省海港集团等主平台作用，集中抓好重大改革、重大项目、重大平台、重大政策的实施。

（二）加强统筹协调。加强与国家综合立体交通网规划衔接，与国家“十四五”综合交通发展规划、全省国民经济和社会发展“十四五”规划协同，紧密对接国土空间规划等。统筹编制公路、水运、机场、运输等子规划。

（三）加强规划执行。充分发挥省交通强省建设领导小组作用，专班化运作、项目化推进、清单化管理，确保规划执行良好可控。建立规划实施事中事后监管、动态评估调整、“规划—计划—项目”闭环管理机制，加强常态化监督考核。

（四）加强要素保障。强化用地保障，用好国家土地政策，积极争取重大项目列入国家和省级重大平台，统筹解决占补平衡等用地指标。做深项目前期工作，提高规划精确度，做好用地预留。强化资金保障，落实省与市县在交通领域财政事权和支出责任。加大各级财政对公益性交通基础设施建设运营和山区、海岛、农村地区的支持力度。深化交通投融资改革，鼓励金融机构依法合规为市场化运作的交通基础设施建设提供融资，支持社会资本、社保资金、保险资金等积极参与交通基础设施建设。

（五）加强环境保护。在交通基础设施建设、运输生产、行业管理各领域和全过程，严格执行项目环境管理、环境影响评价、水土保持、节能审查制度和环境保护“三同时”制度。加强交通行业污染防治，注重资源节约集约利用，提升生态保护与生态修复水平。

参 考 文 献

[1] 张阿龙. 大型预制梁场台座规模及梁场布局优化研究[D]. 兰州: 兰州交通大学, 2017.

[2] 罗倩蓉, 董茜月, 曾德珩. 基于模糊层次分析法的装配式建筑 PC 构件厂选址[J]. 土木工程与管理学报, 2018, 35(3): 111-117,123.

[3] 孙策. 城市桥梁预制装配化绿色建造技术应用与发展[J]. 世界桥梁, 2021, 49(1): 39-44.

[4] 赵广婧. 装配式混凝土桥梁设计施工技术要点探究[J]. 陶瓷, 2022(7): 143-145.

[5] 杨端湖. 装配式混凝土桥梁的设计要点分析[J]. 数码-移动生活, 2022(2): 124-126.

[6] 赵红旭. 装配式桥梁预制混凝土桥面板安装施工工艺[J]. 建筑工程技术与设计, 2018(5): 1600, 1602.

[7] 郭伟, 白少波, 张睿. 装配式建筑项目信息化管理研究综述[J]. 价值工程, 2020, 39(1): 296-299.

[8] 李禹歆, 武晓萌. 市政工程箱梁预制场规划与实施[J]. 工程技术研究, 2021, 6(17): 201-202.

[9] 周良, 闫兴非, 张凯龙, 等. 工业化全预制桥梁设计施工关键技术研究及应用[J]. 建设科技, 2018(16): 53-55.

[10] 沈春国, 徐荣增, 毛坚正, 等. 上海地区装配式建筑预制混凝土构件生产工厂现状及发展前景[J]. 上海建材, 2016(1): 15-16.

[11] 杨继光, 罗圣明, 雷文斌. 高速铁路预制场改建与规划技术研究[J]. 工程技术研究, 2020, 5(10): 224-226, 228.

[12] 高维. 基于利益共同体背景的中国汽车集群开放式创新机制研究[J]. 企业改革与管理, 2020(14): 3-4.

[13] 张鸣功, 张劲文, 高星林, 等. 港珠澳大桥桥梁钢结构制造关键技术及质量控制[J]. 广东公路交通, 2015(3): 14-17.

[14] 王诗颖. 万科转型轻资产模式的策略与效果评价研究[D]. 湖北: 中南财经政法大学, 2019.

[15] 李启明. 建筑产业现代化导论[M]. 南京: 东南大学出版社, 2017.

[16] 陈剑, 李惠, 陈金骁. 企业选址的理论与方法[M]. 北京: 清华大学出版社, 2020.

[17] 林艺馨, 詹耀裕. 工业化建筑市场运营与策略[M]. 南京: 东南大学出版社, 2018.

[18] 宁英杰. 桥梁装配式施工技术[M]. 北京: 人民交通出版社股份有限公司, 2018.